Kurt Eisner

Die neue Zeit

Verone

Kurt Eisner

Die neue Zeit

1st Edition | ISBN: 978-9-92500-030-2

Place of Publication: Nikosia, Cyprus

Erscheinungsjahr: 2015

TP Verone Publishing House Ltd.

Nachdruck des Originals von 1919.

Die neue Zeit

von

Kurt Eisner

Inhaltsverzeichnis.

Vorwort des Herausgebers.

Kurt Eisner ist am 14. Mai 1867 zu Berlin geboren; er besuchte dort das askanische Gymnasium und verließ es nach bestandener Reifeprüfung Ostern 1886, um 8 Semester Philosophie und Germanistik zu studieren. Er wandte sich in jungen Jahren der schriftstellerischen Tätigkeit zu; seine erste Schrift — eine der ersten Schriften überhaupt, die in Deutschland diesem Dichterdenker gewidmet war — behandelt das Problem „Friedrich Nietzsche". 1892/93 war er an der Frankfurter Zeitung tätig und lebte dann in Marburg, von wo aus er als politischer Essayist an verschiedenen Zeitschriften mitwirkte. Einer seiner Artikel führte zu einer politischen Anklage und brachte ihm eine Gefängnisstrafe von 9 Monaten ein, die er verbüßte. November 1897 bis August 1898. Bald nach seiner Enthaftung forderte ihn Wilh. Liebknecht auf, die politische Redaktion des „Vorwärts" zu übernehmen. Der bekannte Vorwärtskonflikt im November 1905 — Kurt Eisner erklärte sich solidarisch mit zwei Kollegen, die entlassen werden sollten und kündigte mit ihnen seine Tätigkeit auf — beendigte seine Wirksamkeit am Zentralorgan. Während seiner „Vorwärtszeit" veröffentlichte er verschiedene Bücher und Broschüren. Seine älteren politischen Auf=

säße sind unter dem Titel „Taggeist" erschienen. Als Teilnehmer des bekannten Königsberger Hochverratsprozesses wurde er der Historiker dieses Prozesses, der die erste russische Revolution einleitete. Viel verbreitet ist seine Biographie Wilhelm Liebknechts. Nach dem Weggang aus dem „Vorwärts" blieb er eine Zeitlang freier Schriftsteller und verfaßte in dieser Zeit sein umfassendes Buch über den Zusammenbruch des alten Deutschen Reiches, in welchem er Ideen geschichtlich darstellte, die fortan für ihn auch in seiner Politik bestimmend waren. Er war in Berlin ein eifriger Förderer der Volksbühnenbewegung; seine künstlerisch-literarischen Arbeiten, unter dem Titel: „Feste der Festlosen" erschienen, sind auf die geistig-seelische Bildung des deutschen Proletariats nicht ohne Einfluß geblieben.

Kurt Eisner war einer der ersten in der Sozialdemokratie, der sich mit der auswärtigen Politik in ihrem inneren Mechanismus eingehend beschäftigte. Eine Frucht dieser Studien war seine anfangs 1906 erschienene Marokkobroschüre „Der Sultan des Weltkrieges", in dem die kommende Katastrophe zuerst angekündigt worden ist. Anfangs 1907 ging er nach Nürnberg und leitete dort die „Fränkische Tagespost". Seit jener Zeit wirkte er in Bayern und ließ sich dort auch naturalisieren. Seit 1910 lebt er als freier Schriftsteller in München. Bis zum Kriegsbeginn behandelte er als Beauftragter des Landesvorstandes der bayerischen Sozialdemokratie die parlamentarische Politik Bayerns in der Presse. Er

2

wurde der Hauptmitarbeiter der „Münchener Post".
Eine von ihm herausgegebene Korrespondenz „Arbeiter-
feuilleton" wurde fast von der gesamten sozialdemo-
kratischen Presse verwendet. Mit dem Ausbruch des
Krieges stellte er seine politische Mitarbeit an der
„Münchner Post" ein, deren Theaterkritiker er blieb. In
stetigem Kampf mit der Zensur versuchte er seine oppo-
sitionelle Haltung gegen den Krieg auch literarisch zu
betätigen. Fast alles wurde unterdrückt. Umso eifriger
bemühte er sich, in den Arbeitermassen politische Auf-
klärung zu schaffen und aus den von ihm geleiteten
Diskussionsabenden erwuchs, geistig vorbereitet, jene
revolutionäre Bewegung hervor, die jetzt zum Ziele geführt hat.

Seit Dezember 1917 war er bemüht, durch eine
Streikerhebung des deutschen Proletariats den Krieg
zum Abschluß zu bringen. Nach dem Zusammenbruch
Rußlands schien es ihm möglich, daß das von deutschen Soldaten überflutete Frankreich zum Frieden drän-
gen werde. Brest-Litowsk und die Westoffensive mußten verhindert werden, wenn Deutschland im letzten
Augenblick vor der Katastrophe, die schließlich doch
kommen mußte, sich retten wollte. In München hatte
die Streikerhebung einen stürmischen Erfolg. Eisners
und seiner Mitarbeiter Verhaftung führte indessen
zum Abbruch der Bewegung vor dem Erfolg, da
andere die Führung übernahmen. Seit der Nacht vom
31. Januar auf 1. Februar 1918 saß Eisner in der

1*

Unterfuchungshaft, aus der er erft nach 8½ Monaten befreit wurde, weil er als Reichstagskandidat in München aufgestellt war. Unmittelbar aus dem Gefängnis stürzte er sich in die Wahlbewegung, die in raschem Aufstieg sich zu jener Volksbewegung entfaltete, die für alle Zeiten neue Verhältnisse in Bayern geschaffen hat. In der Unterfuchungshaft wurde von ihm eine Sammlung unveröffentlichter und schon gedruckter Schriften abgeschlossen, die demnächst unter dem Titel „Die Träume des Propheten" erscheinen werden.

Was Kurt Eisner in jahrelanger erprobter geistiger Arbeit erobert und gewonnen hat, das hat er an dem geschichtlichen 7. November 1918 und in der darauffolgenden Nacht mit einigen Getreuen und mit kühnem Mut in Lauf gesetzt und seitdem zu verwirklichen gesucht.

M ü n ch e n, im November 1918.

Dr. Benno Merkle.

Aufruf aus der Nacht zum 8. Nov. 1918.

An die Bevölkerung Münchens!

Das furchtbare Schicksal, das über das deutsche Volk hereingebrochen, hat zu einer elementaren Bewegung der Münchener Arbeiter und Soldaten geführt. Ein provisorischer Arbeiter-, Soldaten- und Bauernrat hat sich in der Nacht zum 8. November im Landtag konstituiert.

Bayern ist fortan ein Freistaat.

Eine Volksregierung, die von dem Vertrauen der Massen getragen wird, soll unverzüglich eingesetzt werden.

Eine konstituierende Nationalversammlung, zu der alle mündigen Männer und Frauen das Wahlrecht haben, wird so schnell wie möglich einberufen werden.

Eine neue Zeit hebt an!

Bayern will Deutschland für den Völkerbund rüsten.

Die demokratische und soziale Republik Bayern hat die moralische Kraft, für Deutschland einen Frieden zu erwirken, der es vor dem Schlimmsten bewahrt. Die jetzige Umwälzung war notwendig, um im letzten Augenblick durch die Selbstregierung des Volkes die Entwicklung der Zustände ohne allzuschwere Erschütterung zu ermöglichen, bevor die feindlichen Heere die

Grenzen überfluten oder nach dem Waffenstillstand die demobilisierten deutschen Truppen das Chaos herbeiführen.

Der Arbeiter-, Soldaten- und Bauernrat wird strengste Ordnung sichern. Ausschreitungen werden rücksichtslos unterdrückt. Die Sicherheit der Person und des Eigentums wird verbürgt.

Die Soldaten in den Kasernen werden durch Soldatenräte sich selbst regieren und Disziplin aufrecht erhalten. Offiziere, die sich den Forderungen der veränderten Zeit nicht widersetzen, sollen unangetastet ihren Dienst versehen.

Wir rechnen auf die schaffende Mithilfe der gesamten Bevölkerung. Jeder Arbeiter an der neuen Freiheit ist willkommen! Alle Beamte bleiben in ihren Stellungen. Grundlegende soziale und politische Reformen werden unverzüglich ins Werk gesetzt.

Die Bauern verbürgen sich für die Versorgung der Städte mit Lebensmitteln. Der alte Gegensatz zwischen Land und Stadt wird verschwinden. Der Austausch der Lebensmittel wird rationell organisiert werden.

Arbeiter, Bürger Münchens! Vertraut dem Großen und Gewaltigen, das in diesen schicksalsschweren Tagen sich vorbereitet!

Helft alle mit, daß sich die unvermeidliche Umwandlung rasch, leicht und friedlich vollzieht.

In dieser Zeit des sinnlos wilden Mordens ver-

abscheuen wir alles Blutvergießen. Jedes Menschen=
leben soll heilig sein.

Bewahrt die Ruhe und wirkt mit an dem Aufbau
der neuen Welt!

Der Bruderkrieg der Sozialisten ist für Bayern
beendet. Auf der revolutionären Grundlage, die jetzt
gegeben ist, werden die Arbeitermassen zur Einheit
zurückgeführt.

Es lebe die bayerische Republik!

Es lebe der Frieden!

Es lebe die schaffende Arbeit aller Werktätigen!

München, Landtag, in der Nacht zum
8. November 1918,

Der Rat der Arbeiter, Soldaten und Bauern:

Der erste Vorsitzende: Kurt Eisner.

Eröffnungsrede

in der erften öffentlichen Sitzung des proviforischen Nationalrates des Volksftaates Bayern vom 8. November 1918.

Vorfitzender Eisner: Ich eröffne die erfte Sitzung des proviforifchen Parlaments der Republik Bayern.

Ich bitte alle diejenigen, die weder dem Arbeiterrate noch dem Soldatenrat angehören, noch auch zu den Abgeordneten gehören, die auf Grund von Vereinbarungen mit dem Arbeiter= und Soldatenrat an diefen Verhandlungen teilnehmen, ich bitte alle diefe Perfonen, den Saal zu verlaffen. Im übrigen ift die Zufammenfetzung der heutigen Veranftaltung auch nur ein lofes Proviforium. Über die Teilnahme und über die Wahl des Arbeiter= und Soldatenrats werden erft in den nächften Tagen nähere Beftimmungen ergehen.

Meine Herren! Wir haben in den letzten Tagen in wenig Stunden gezeigt, wie man Gefchichte macht, wie man Tatfachen revolutionär für alle Zukunft fchafft. Keiner von Ihnen wird heute, welche Anfchauung er immer haben mag, des törichten Glaubens fein, daß der Strich, den wir in einer friedlichen Erhebung unter

8

die gesamte Vergangenheit des bayerischen Staatslebens gemacht haben, jemals wieder ausgelöscht werden könnte. Und wenn Sie vielleicht den Eindruck gehabt haben, daß diese radikale Umgestaltung der bayerischen Verfassung und des gesamten Lebens einen etwas anarchistischen Charakter hätte, so ist das nur ein Mißverständnis des Augenblicks.

Selbstverständlich, in jeder Auflösung zeigen sich die Zuckungen der Vergangenheit, und wenn wir heute manche Vorgänge beklagen, die sich in den letzten Stunden und Tagen ereignet haben, sehr gegen unsere Meinung und unseren Willen, so sind es gerade diese betrüblichen Vorkommnisse, die scharfe Anklage erheben gegen die Erziehung, die in der Vergangenheit die bayerische Bevölkerung genossen hat. Denn nicht aus unserem neuen Geiste sind jene Ausschreitungen entstanden, sondern aus der Erziehung und Verbildung von gestern.

Und wenn, verehrte Anwesende, wir ohne Organisation diese gewaltige Umwälzung herbeigeführt haben, so ist es ganz selbstverständlich, daß heute noch nicht die Organisation des neuen Staates jene bureaukratische Glätte haben kann, in der sich nichts mehr reibt. Es war ein Stück Überraschungsstrategie, mit der wir das alte Bayern aus den Angeln gehoben haben. Niemand hat vor zwei Tagen noch dergleichen für möglich gehalten und niemand hielte es heute für möglich, daß Einrichtungen jenes uns jetzt als grauste Vergangenheit erscheinenden Gestern wieder auferstehen können. Bayern ist gestern ein Freistaat geworden und wird ein Freistaat bleiben.

Meine Herren! Bei denen, die mitgeholfen haben an dieser Umgestaltung von Grund auf, spielen zwei Erwägungen mit: Wir waren uns bewußt, daß es der letzte Augenblick war, um durch Schaffung einer Volksregierung, die von dem Vertrauen der breiten Massen der Bevölkerung getragen sei, zu verhüten, daß unser Land in den Abgrund unrettbarer Wirrnisse geschleudert würde. Denn, wenn wir gewartet hätten, bis entweder der Wahnsinn der nationalen Verteidigung eingesetzt hätte — worunter wir nicht verstehen einen selbstverständlichen und von unseren Soldaten mit entschlossener Energie zu betätigenden Schutz der Grenzen —, ich sage, wenn wir aufgerufen worden wären und so lange gewartet hätten, bis die nationale Verteidigung alle Bänder unseres Staatslebens gelöst hätte, oder wenn wir gewartet hätten, bis die Kapitulation und Demobilisierung in Bayern ein ähnliches Schauspiel hervorgerufen hätte wie in Österreich, dann wären diese katastrophalen Ereignisse geschehen unter einer völlig ohnmächtigen Regierung, der niemand Vertrauen gezollt hätte. Wenn es uns aber gelang, den tiefsten Willen und die heißeste Sehnsucht der Massen in einer neuen Regierung zusammenzufassen, dann konnten wir hoffen — und ich spreche dies zuversichtlich aus —, daß noch vor der Katastrophe, die uns bevorstehen kann, das

10

bayerische Volk gelernt hat, durch Selbstregierung, durch Demokratie in Fassung und Ruhe die neuen furchtbaren Ereignisse zu überwinden.

Dann die zweite Erwägung: Der amerikanische Präsident hat in seiner vorletzten Note in deutlichen Worten kundgegeben, daß er nicht gesonnen sei, mit dem, was man heute in Berlin Volksregierung nennt, einen Verständigungsfrieden zu schließen, sondern daß es sich bei einer solchen Regierung nur um Kapitulation handeln könne. Wenn aber nun in Bayern eine revolutionäre Regierung ersteht, deren treibende Kräfte, von Anfang des Krieges an, in einsamer und gefährlicher Opposition die deutsche Kriegspolitik bekämpft haben, so können wir vertrauen, daß eine solche Regierung bei dem amerikanischen Präsidenten einen anderen Eindruck erwecken und mildere Stimmung auslösen kann, als wenn er es zu tun hat mit einer Regierung, die alle Verantwortlichkeiten der Vergangenheit mitübernommen hat. Es liegt mir fern, in unwürdiger, feiger Art um die Gunst unserer Gegner buhlen zu wollen. Aber ich weiß, daß man uns, den treibenden Kräften der neuen Umwälzung, wenigstens Vertrauen schenkt. Wir haben niemals die gemeinsame Sache der Internationale geschädigt, deshalb vertraue ich, daß diese uns einen milderen Frieden für Deutschland erwirken kann, als wenn hier noch jenes System herrschte, das mitschuldig war an dem Ausbruche des größten aller Verbrechen der Weltgeschichte.

Bayern ist ein freier Staat. Das bayerische Volk genießt die freieste Selbstbestimmung. Eine konstituierende Nationalversammlung wird in Zeiten ruhigerer Entwicklung die endgültige Verfassung Bayerns festlegen. Heute herrschen in diesem Parlament die elementaren Triebkräfte der breiten Volksmassen selbst. In dieser heutigen Nachmittagsitzung wird es uns obliegen, nun die neue Entwicklung zu ordnen. Wir werden Ihnen vorschlagen, eine Regierung zu bestätigen, einer Regierung Ihr Vertrauen zu schenken, die dann, Ihnen verantwortlich, die Geschäfte Bayerns führen wird. Diese Regierung ist nach den Vorschlägen und den Verständigungen, die inzwischen stattgefunden haben, nicht einseitig gedacht. Sie wissen, daß beinahe seit Kriegsbeginn die sozialistischen Arbeitermassen im heftigen Kampfe der Meinungen gegeneinander statt miteinander wirken. Dieser Kampf gehört, für Bayern wenigstens, der Vergangenheit an. (Stürmischer Beifall.) Denn die Massen haben Bayern befreit und auch die Richtung, die ich bekämpft habe, akzeptiert diese Befreiung als eine unabänderliche revolutionäre Tatsache. Damit sind wir nicht durch ein Kompromiß, sondern innerlich zusammengewachsen. Ich hoffe, daß unser bayerisches Beispiel über unsere Grenzen hinaus wirken wird.

Zum Schlusse möchte ich, um diese Betrachtungen nicht allzulang auszudehnen, Ihnen die Namen derer nennen, die nach einer Verständigung die provisorische Regierung bilden sollen. Wir haben mit einer Aus-

12

nahme, obwohl manches dagegen sprach, die alte Teilung der Ministerien beibehalten; darin sind wir nicht revolutionär vorgegangen. Wir haben nur ein neues Ministerium geschaffen, das schon längst in der Luft lag, ein Ministerium für soziale Angelegenheiten. Der Grund, warum wir diese nicht ganz glückliche Teilung und nicht ganz logische Sonderung beibehalten haben, ist der, daß wir den Beamten, auf deren freudige, vielleicht erlöste Mitwirkung wir rechnen, deren Los in der Demokratie sicherlich ganz anders sein wird als bisher, es nicht erschweren wollten, sich in die neuen Zustände hineinzufinden. Darum ließen wir die bisherigen Ministerien bestehen. Die Namen, die wir Ihnen vorschlagen sind:

Das Ministerium des Außern und damit das Präsidium übernimmt als Symbol des revolutionären Ursprungs dieser Regierung der, der jetzt vor Ihnen steht. (Starker Beifall.) Für das Vizepräsidium und für das Kultusministerium ist Hoffmann in Aussicht genommen. (Beifall.) Das Ministerium für militärische Angelegenheiten — wir werden kein Kriegsministerium haben, sondern ein Ministerium für militärische Angelegenheiten — soll Roßhaupter übernehmen; es ziemt sich für die demokratische Regierung, daß ein Zivilist die Leitung der militärischen Angelegenheiten übernimmt.

Das Ministerium des Innern, heute wegen der Lebensmittelversorgung eines der wichtigsten Ämter,

wird, wenn Sie einverstanden sind, Auer übernehmen.
(Beifall und Widerspruch.) Ich höre Widerspruch und
„Nein"; aber wenn wir entschlossen sind, den Weg
in der Sozialdemokratie und Arbeiterschaft hinfort ge=
meinsam zu gehen, so ist auch das ein Symbol, daß
wir aus vollster Überzeugung Ihnen die Wahl des
Herrn Auer empfehlen können. (Beifall.)

Den Verkehr soll ein Mann übernehmen, der in
einer der lächerlichsten politischen Komödien, an denen
die bayerische Vergangenheit so reich war, eines Tages
versank, Heinrich von Frauendorfer.

Die Justiz ist dem bewährten Sozialpolitiker —
das ist kein Widerspruch, denn wir betrachten die Justiz
als eine Form der Sozialpolitik — Herrn Timm zu=
gedacht.

Die undankbarste aller Aufgaben soll, und daran ist
vielleicht meine Abneigung gegen Professoren mit schuld,
Herrn Professor Jaffé zufallen, nämlich die Fi=
nanzen. (Bravo!)

Endlich wird — wieder als eine Fanfare des revolu=
tionären Ursprungs dieser Regierung — ein an der Er=
hebung beteiligter Mann, ein einfacher Arbeiter ohne
Amt und Würden das neue Ministerium für
soziale Angelegenheiten übernehmen: Herr
Unterleitner. (Lebhafter Beifall.)

Eine Stellung, bei der es sich um kein Ministerium
handelt, die aber in dieser gärenden Zeit sehr wichtig ist,
die Polizeiobrigkeit der Hauptstadt der

14

neuen Republik, soll in den Händen wieder eines Arbeiters und Soldaten liegen, des Herrn S t a i m e r, der schon seit gestern eine segensreiche Tätigkeit als Aufsicht im Polizeipräsidium versieht. Herr Staimer gehört zu den tüchtigsten und charaktervollsten Persönlichkeiten unserer revolutionären Erhebung.

Sie sehen, wir sind nicht einseitig, wir haben weder Richtungen bevorzugt, noch haben wir bürgerliche Fachmänner ausgeschlossen. Ich möchte glauben, daß dieses Ministerium sich zu einer Körperschaft entwickeln wird, in der alles tätig ist, gleich, welche Vorbildung oder Herkunft die Männer haben, in der alles tätig sein kann, was uns nach Charakter, Wissen, Energie, Gesinnung, fruchtbare Arbeit leisten kann. Ich bitte Sie, zu uns, die wir in stürmischer Zeit dieses Opfer bringen in vollem Bewußtsein aller Gefahren, die uns umdrängen, Vertrauen zu haben, in einer Zeit, in der wir Ihnen kein Paradies versprechen können, sondern wohl wissen, daß wir die Geschäfte in einem Augenblick übernehmen, wo alle Verhältnisse verzweifelt erscheinen. Ich sage also: Schenken Sie uns und unserm vergänglichen und provisorischen Ministerium das Vertrauen, das wir um der Sache willen verdienen, daß wir uns bereit gefunden haben, an diese Stelle zu treten, sofern Sie damit einverstanden sind.

Wir gehen dunklen Tagen entgegen, vielleicht den furchtbarsten Tagen, die seit Jahrhunderten uns beschieden gewesen sind. Aber ich bin der festesten Überzeu-

gung, daß aus diesem Meere von Blut und aus dieser
Zerrüttung aller Verhältnisse dennoch eine neue Welt,
eine hellere, reichere und freiere Welt erstehen wird,
und die politische Umwälzung, die wir hier erlebt haben
und die wir verteidigen werden — wir haben einen
Soldatenrat, der diese neue Freiheit verteidigen wird —,
ist ein Vorklang jener sozialen Umgestaltung, die nach
dem Frieden die heiligste und unaufschiebbarste Ange=
legenheit internationaler Arbeit sein wird.

Damit begrüße ich das erste Parlament der baye=
rischen Republik und bitte Sie, Vorschläge zu machen
für die Konstituierung des Präsidiums, des Präsiden=
ten, ersten und zweiten Vizepräsidenten und von vier
Schriftführern. Damit hätte sich dann unser revolutio=
näres Parlament konstituiert.

Aufruf vom 8. November 1918.

An die ländliche Bevölkerung Bayerns!

Die schweren Schicksalsschläge, die unser Vaterland seit Kriegsausbruch getroffen, haben zu gewaltigen Umwälzungen in der Hauptstadt des Vaterlandes geführt.

Unter dem Drucke der drohenden Invasion habt Ihr selbst nach dem Zustandekommen eines baldigen Friedens unter allen Umständen und mit allen Mitteln verlangt. Diesem Verlangen haben wir Rechnung getragen.

In der Nacht zum 8. November hat sich ein provisorischer Arbeiter=, Soldaten= und Bauernrat im Landtage konstituiert. Eine Volksregierung, die das Vertrauen der Massen besitzt, soll unverzüglich eingesetzt werden.

Eine konstituierende Nationalversammlung, zu der alle mündigen Männer und Frauen das Wahlrecht haben, wird so rasch wie möglich einberufen werden.

Der Arbeiter=, Bauern= und Soldatenrat betrachtet es als die erste und größte Aufgabe, dem Volke den heißersehnten Frieden zu bringen und ist zum Zwecke der Einleitung von Friedensverhandlungen mit den Ententemächten in Verhandlungen getreten.

Noch ist aber die Gefahr nicht vorüber. Der Arbeiter=, Soldaten= und Bauernrat lehnt es zwar ab, die nationale Verteidigung durchzuführen, er wird aber unter allen Umständen den Grenzschutz aufrecht erhalten, damit Leben und Eigentum der bayerischen Bevölkerung geschützt und erhalten bleibt.

Zu diesem Zwecke werden alle notwendigen militärischen Maßnahmen durchgeführt werden und ihr könnt mit Ruhe und Sicherheit der weiteren Entwicklung der Dinge entgegensehen.

Der Rat der Arbeiter, Soldaten und Bauern wird alles tun, die Selbstauflösung der Heeresverbände zu verhindern, damit Zustände wie in Österreich und Tirol, wo heimkehrende Soldaten plündern und Kulturwerte zerstören, unmöglich werden.

Bauern! Die Lebensmittel in den Städten sind durch verkehrte Maßnahmen der bisherigen Militär- und Zivilverwaltung knapp. Wir fordern euch auf, die neue Regierung sofort durch rege Lebensmittellieferungen in die Städte zu unterstützen, denn nur dadurch ist diese in der Lage, die Massen zu beherrschen und Hungerkrawalle mit unausbleiblichen, unseligen Folgen für das flache Land hintanzuhalten.

Beamte, Bürgermeister und Gendarmen!

An euch ergeht die Aufforderung, für Ruhe, Ordnung und Sicherheit im Lande zu sorgen und die Amtsgeschäfte in der bisherigen Form auszuführen.

Nicht zerstören wollen wir, sondern wieder aufbauen und wir wollen allen Volksgenossen ohne Unterschied des Standes eine sichere Existenz schaffen, eine

Existenz, die es jedem möglich macht, ein menschen=
würdiges Dasein zu führen.

Es lebe die soziale Republik!

Der Arbeiter=, Soldaten= und Bauernrat:

Kurt Eisner

Ludwig Gandorfer.

Das Regierungsprogramm.

An das bayerische Volk.

Bayern ist befreit. Ungeahnte Kräfte regen sich, um an dem Werk des Aufbaues des neuen Volksstaates mitzuhelfen. Alles, was an verkümmerter Kraft, hoffnungsloser Sehnsucht in dumpfem Groll schlummerte, sieht jetzt, daß fortan für jeden Raum ist, an der Arbeit der Gemeinschaft sich zu betätigen. Das Leben gewinnt endlich Sinn und Zweck.

Kaum eine Woche ist seit der stürmischen Erhebung vergangen, und schon ist Ruhe und Ordnung überall hergestellt, und nur eine kaum mehr zu bändigende Ungeduld erfüllt alle Seelen, an der Neuorganisation zu wirken und zu schaffen.

Die revolutionäre Regierung des Volksstaates Bayern ist zu dem großen Versuch entschlossen, die Umwandlung des alten Elends in die neue Zeit in vollkommener verbürgter Freiheit und in sittlicher Achtung vor den menschlichen Empfindungen durchzuführen und damit ein Vorbild zu geben für die Möglichkeiten einer Politik, die auf dem Vertrauen zu dem Geist der Massen, auf der festen und klaren Einsicht in die Notwendigkeiten und Mittel der Entwicklung, auf der freimütigen Offenheit und Wahrhaftigkeit be=

20

ruht. Ferdinand Lasalles Mahnung, daß man in der Politik aussprechen müsse, was ist, beherrscht unser Tun. Wir wollen in unbeirrbarer Entschlossenheit diesen gänzlich ungewohnten Weg gehen, obwohl wir uns bewußt sind, daß noch niemals eine Regierung in schwierigeren Zeiten ihr Amt übernommen hat, daß wir verhängnisvoll belastet sind mit einem fluchwürdigen Erbe, das mit dem Zusammenbruch des verfallenen Systems nicht zugleich ausgetilgt ist.

Die revolutionäre Regierung des Volksstaates Bayern buhlt nicht um die Gunst des Volkes. Sie unterstellt sich der freiesten Kritik.

Sie will nur nach ihren Handlungen beurteilt sein. Schon beginnt nach der ersten Überraschung ein Teil der Presse, die mehr Schuld an der Katastrophe Deutschlands hat als irgendeine andere Institution, zu beweisen, daß sie von dem Geiste der jungen Zeit noch unberührt ist. Wir werden auch diesem Treiben, diesem läppischen Unsinn, die uneingeschränkte Freiheit gewähren, in dem ruhigen und festen, verachtenden Gefühl von Männern, die sich klar darüber sind, daß sie vor der Gesch' .e ihre Handlungen zu verantworten haben und ' antworten können. Wir beabsichtigen nicht, di Presse unmittelbar oder mittelbar geheim zu beeinflussen. Wir werden kein Regierungsblatt haben. Was wir der Öffentlichkeit mitzuteilen haben, wird mit deutlicher Kennzeichnung der Herkunft veröffentlicht werden. Aber auch auf diesem Gebiete haben wir die Zuversicht, daß

sich eine innere Reinigung und Erneuerung des Presse-
wesens vollziehen wird und damit die Presse ihrem
heiligen Berufe wiedergegeben wird, dem sie sich so
schmählich entfremdet hat. Dann erst wird sie das
Vertrauen des Volkes gewinnen und ein Werkzeug
schöpferischer Arbeit werden.

Die ersten Handlungen der revolutionären Regierung
haben bedeutsame Erfolge gezeitigt. Die leitenden
Männer der Entente sprechen nach der Umwälzung
anders als zuvor. Unser Appell an das Weltgewissen
blieb nicht ungehört. Die Waffenstillstandsbedingungen
wurden erheblich gemildert. Der Geist des Patrioten,
der die französische Republik leitet, spricht heute mit
menschlichem Verständnis und Vertrauen. Amerika ver-
heißt dem besiegten Feind, durch Versorgung mit
Lebensmitteln den furchtbaren Übergang zu erleichtern.
Wir hoffen, daß es uns auch gelingen wird, die Zu-
fuhr von Rohstoffen zu gewinnen. Wir haben heute die
Zuversicht, daß dank unserer ebenso revolutionären wie
besonnenen Politik unser in jener Note an die Entente
ausgesprochener Gedanke der Erfüllung entgegenreift,
daß der Völkerbund in der gemeinsamen Arbeit der
Feinde an der Überwindung der Kriegszerstörungen
sich bilden müsse.

Wenn wir auf das Vertrauen der feindlichen Mächte
rechnen, so betrachten wir es um so mehr als unsere
Aufgabe, auch innerhalb der deutschen Stämme eine
innige Gemeinschaft vorzubereiten. Wir glauben und

wollen, daß eine Vereinigung des Deutschen Reiches mit der deutsch-österreichischen Republik unaufschiebbar ist. Wir sind ferner der Meinung und entschlossen, diese nationale Politik mit fester Hand durchzuführen, daß die Selbstbestimmung Bayerns innerhalb des Ganzen erhalten und gesichert werden muß. Wenn wir das Ziel erreichen wollen, daß die Vereinigten Staaten von Deutschland, die Österreich einschließen, die einzige mögliche Lösung des nationalen Problems sind, so werden wir in nächster Zukunft eine zweckmäßigere Gliederung der deutschen Staaten durchzuführen haben, die ohne jede Vorherrschaft eines einzelnen Staates und ohne Antastung der Freiheit und Selbständigkeit Bayerns auch die notwendigen Maßnahmen vernünftiger Einheit trifft. So wird für das deutsche Volk auch in nationaler Hinsicht eine glücklichere Zukunft beginnen.

In der inneren Politik Bayerns streben wir die rascheste Durchführung einer nicht nur formellen, sondern lebendig tätigen Demokratie an. Bevor noch die konstituierende Nationalversammlung, die so schnell wie möglich nach Erledigung der notwendigen Vorarbeiten einberufen werden soll, zusammentritt, muß diese Demokratisierung des öffentlichen Geistes wie der öffentlichen Einrichtung erreicht werden können. Wir suchen auch hier auf neuen Wegen vorwärts zu kommen. Neben dem provisorischen Zentralparlament und dem in der Regierung verkörperten revolutionären Vollzugsausschuß sollen alle einzelnen Verbände und Berufe der Bevölkerung ihre eigenen Angelegenheiten in voller Öffentlichkeit erörtern können. Wir wollen die bisherigen Organisationen parlamentarisieren. Neben den beratenden Arbeiter-, Soldaten- und Bauernräten, die die Richtung des neuen Staates sowohl im Volk wie im Parlament, wie in der Regierung anzeigen müssen, wollen wir der Gesamtheit der Bevölkerung die Möglichkeit und die Gewähr geben, ihre Interessen, soweit sie nicht dem Nutzen der Gesamtheit entgegen sind, durchzusetzen. Das Deutsche Theater zu München soll der Sitz dieses Nebenparlaments sein. Beamten-, Lehrer- und Privatangestelltenorganisationen, die freien Berufe, das Handwerk, der Handel und die Industrie, alle sollen sich zu Räten zusammenfinden und in diesen freien Parlamenten ihre Angelegenheiten unabhängig und selbständig erörtern, ihre Wünsche und Anregungen sowohl im Zentralparlament wie in der Regierung zur Geltung bringen. Vertreter dieser Organisationen werden in einer durch die unüberwindliche Raumnot des Landtags notwendig begrenzten Zahl auch in der provisorischen Nationalversammlung Wort und Stimme haben.

Die auf diese Weise verbürgte tätige Demokratisierung des ganzen Volkes muß in den wirtschaftlichen, sozialen und kulturellen Reformen ihr praktisches Ergebnis finden. Wir halten es für notwendig, hinsichtlich unserer unveränderten sozialistischen Ziele keine Zweifel zu lassen. Wir sprechen aber in vollkommener

24

Offenheit aus, daß es uns unmöglich scheint, in einer Zeit, da die Produktionskräfte des Landes nahezu erschöpft sind, die Industrie in den Besitz der Gesellschaft sofort überzuführen. Man kann nicht sozialisieren, wenn kaum etwas da ist, was zu sozialisieren ist. Es ist die Auffassung von Karl Marx, daß die Wirtschaft dann in den Besitz der Gesellschaft übergeführt werden muß, wenn die Produktivkräfte sich so gewaltig entwickelt haben, daß sie die zu enge Hülle der kapitalistischen Ordnung sprengen.

Ferner scheint es uns unmöglich, in einem einzelnen nationalen Gebiete der Weltwirtschaft die sozialistische Organisation durchzuführen. Wir glauben also, daß erst nach dem Frieden, wenn der einige Völkerbund der Weltdemokratien sich gebildet hat, durch den entscheidenden Einfluß der in neuer Macht auferstandenen proletarischen Internationale, in gemeinsamer Arbeit der Völker der Erde die unerläßliche Sozialisierung durchgeführt werden kann. Aber wir sind ebenso überzeugt, daß schon jetzt bei der Überführung der Kriegs= in die Friedenswirtschaft, bei der Aufrichtung des heillos zerrütteten Finanz= und Steuerwesens der sozialistische Geist fruchtbar gemacht werden kann. Wir halten endlich drei große Probleme sozialer Erneuerung bereit zur schnellen Erledigung: den Großgrundbesitz, die städtische Bodenfrage, das Bildungs= und Erziehungswesen.

Ganz besondere Hoffnungen hegen wir für die Entwicklung des bayerischen Bauernstandes. Ein neues

25

Geschlecht freier auf eigener Scholle arbeitender Bauern wird erstehen und in Gemeinschaft mit der werktätigen Bevölkerung der Städte an dem allgemeinen Besten mitarbeiten.

Schließlich seien aus dem Arbeitsplan der einzelnen Ressorts in kurzen Strichen die unmittelbar durchzuführenden Absichten der neuen Regierung angedeutet. Das Ministerium des Innern wird vor allem die Lebensmittelversorgung sichern und vervollkommnen. Vollständige Erfassung, unbedingt gerechte Verteilung der Lebensmittel, Förderung der Produktion, Unterbindung des Schleichhandels. Sofortige Verwendung der in den Militärdepots vorhandenen Gegenstände zum Gebrauch der Bevölkerung sowohl in den Städten wie auf dem Lande, rücksichtslose Bekämpfung des Wuchers für Gebrauchsgegenstände, Abbau der Preise, Vereinfachung der Verwaltung, Umgestaltung der Gendarmerie in ein bürgerliches Institut.

Eine der wichtigsten Aufgaben der revolutionären Regierung ist die Organisation der Demobilisierung, für die sofort alle Vorbereitungen getroffen wurden, um die aus ihr erwachsenden schwersten Gefahren nach Möglichkeit zu unterbinden. Auf dem Gebiete der Industrieförderung ist die so lange verzögerte Elektrisierung der Wasserkräfte, deren Unterlassung für uns jetzt so ernste Folgen hat, sofort begonnen worden.

Die Regierung wird die volle Freiheit der Religionsgesellschaften und die Ausübung ihres Kultus gewähr-

26

leisten. Die akademische Lehrfreiheit wird gesichert und durch Demokratisierung der Zustrom neuen Blutes er= möglicht werden. Das gesamte Schulwesen soll ein= heitlich als Bildungsanstalt für alle ohne Unterschied der sozialen Herkunft ausgestaltet werden. Wir fordern gleiche Freiheit für die Schule wie für die Kirche, Schaffung eines Volksschulgesetzes mit fachmännischer Schulaufsicht, Neuregelung der Gehalts= und Rechts= verhältnisse der Volksschullehrer, Übernahme der Volks= schullasten auf den Staat, Reform der Lehrerbildung, Änderung im Schulbetrieb, Heranziehung der Schüler zur Mitarbeit in der Gestaltung und Praxis ihres Schullebens, Verbreitung der Wissenschaften durch das ganze Volk, Heranziehung der breiten Massen zur Kunst.

In der Justizverwaltung wird eine weitgehende Frei= lassung und Niederschlagung von Verfahren in aller= nächster Zeit durchgeführt werden. Schärfstes Vorgehen gegen gewinnsüchtige Ausnützung der Notlage des Vol= kes. Das Zivil= und Strafrecht soll nach sozialen Grund= sätzen neu aufgebaut und durchgeführt werden.

Die Neuordnung des Finanzwesens ist von ausschlag= gebender Bedeutung für die kommende Umgestaltung aller wirtschaftlichen Verhältnisse. Die ungeheueren Kosten des Krieges und des Wiederaufbaues der deut= schen Volkswirtschaft erfordern derart große Mittel, daß demgegenüber das bisherige System versagen muß.

Wir werden deshalb sowohl im Reiche wie in den

Bundesstaaten und den Gemeinden zu einem einheit=
lichen Steuersystem kommen müssen, das in weitest=
gehendem Maße nach sozialen Grundsätzen geregelt die
leistungsfähigen Schultern belastet.

Die Demokratisierung der Armee, die Mitbestimmung
der Soldaten, ist schon in den ersten Tagen des jungen
Staates in Angriff genommen worden und wird unver=
züglich zur Durchführung gelangen. Auch die Militär=
gerichtsbarkeit soll sofort demokratisiert werden. Eine
umfassende Amnestie für alle militärischen Vergehen
und Verbrechen steht bevor.

Im Verkehrswesen wird die Beseitigung des unge=
sunden Wettbewerbes im Eisenbahnverkehr angebahnt.
Die Vereinfachung des Eisenbahnbetriebes durch die
Verringerung der Wagenklassen soll möglichst bald
durchgeführt werden. Die Aufhebung der Portofreiheiten
im Postverkehr und der Gebührenfreiheiten im Tele=
graphen= und Telephonverkehr ist eingeleitet; zum Teil
steht sie unmittelbar bevor. Die Eisenbahn=, Post=,
Telegraphen= und Telephontarife sollen im Sinne weit=
gehender Vereinfachung umgestaltet, die großstädtischen
Wohnungsverhältnisse durch weitere Ausgestaltung des
Vorortsverkehrs gefördert werden.

In dem neugeschaffenen Ministerium für soziale Für=
sorge wird ein Plan umfassender Arbeitsbeschaffung
für die entlassenen Kriegsteilnehmer ausgearbeitet.
Straffste staatliche Zentralisation der Arbeitsvermitt=
lung zur Beherrschung des Arbeitsmarktes, umfassende

28

Arbeitslosenunterstützung, Achtstundentag, Ausbau des Arbeiterschutzes, großzügige Organisation des Wohnungswesens, Ausschaltung privater Bodenspekulation, umfassende Bereitstellung von Notstandswohnungen während der Übergangszeit.

Ein reiches Feld der Betätigung wird endlich das Gebiet des Handwerks, des Kunsthandwerks, der Kunst bilden. Die bäuerlichen landwirtschaftlichen Angelegenheiten, die in dem neuen Bauernrat ihre Vertretung finden, werden zur Bildung eines landwirtschaftlichen Ministeriums führen, in dem die Bauern vertreten sein müssen.

Die lebendige Teilnahme aller Volksglieder, insbesondere auch Frauen, Arbeiterinnen, Bürgerinnen und Bäuerinnen, soll nicht nur durch die erwähnten Nebenparlamente erreicht werden, sondern auch durch die ständige persönliche Verbindung der Organisationen mit der revolutionären Regierung.

So fordern wir das bayerische Volk auf, in rüstiger und fruchtbarer Arbeit trotz aller Ungunst der Verhältnisse, Bayern zu einem Lande umzugestalten, in dem jeder frei atmen kann und jeder, der arbeitet, schaffend beglücktes Leben gewinnt.

München, den 15. November 1918.

Regierung des Volksstaates Bayern:

Kurt Eisner.

Ansprache

anläßlich der Revolutionsfeier im Nationaltheater am 17. November 1918.

Die neue Ära wurde am Sonntag, 17. Noevmber, im Großen Haus des Münchner Nationaltheaters durch eine R e v o l u t i o n s f e i e r eingeleitet, zu welcher der Soldaten=, Arbeiter= und Bauernrat die Eintrittskarten vergeben hatte. Keine festliche Auffahrt, keine rau= schenden Toiletten, keine blinkenden Ordenssterne und Diademe. Die Karten waren durch das Los verteilt worden, so daß das äußerliche Bild ganz anders war wie bei den Festaufführungen der Vergangenheit. Die Minister saßen nicht wie sonst nebeneinander, son= dern das Los hatte sie im Hause verteilt. So sah man den Finanzminister im Parkett, den Minister des Innern in einem der Ränge, und wieder andere be= kannte Persönlichkeiten der Revolutionsbewegung waren „noch höher hinauf" nur mit Operngläsern bewaffneten Augen zu erkennen. Der Soldaten=, Arbeiter= und Bauernrat hatte so ziemlich alle Schichten und Kreise mit Einladungen bedacht, so daß auch das geistige München zahlreich vertreten war. An Stelle der Orden und Diademe vergangener Festaufführungen sah man diesmal als einzige Auszeichnung rote Armbinden oder rote Schleifen.

Die Leonoren = Ouvertüre in schlechthin vollendeter Wiedergabe (dirigiert von Bruno Walter) leitete die Revolutionsfeier ein. Der Vorhang teilte sich und vor geschlossener Bühne stand Kurt Eisner, von Beifall umrauscht. Er verneigte sich leicht und hielt folgende

Ansprache:

„Freunde! Die Klänge, die eben an Ihre Seelen gedrungen, malen die Ungeheuerlichkeit eines tyranni= schen Wahnsinns: Die Welt scheint im Abgrund ver= sunken, zerschmettert. Plötzlich tönen aus Dunkel und Verzweiflung die Trompetensignale, die eine neue Erde, eine neue Menschheit, eine neue Freiheit ankündigen. So sah Beethoven das Schicksal der Welt. So trug er sein Herz, schwer von Sehnsucht, durch die Zeiten seines gedrückten Lebens.

Das Kunstwerk, das wir eben gehört, schafft in prophetischer Voraussicht die Wirklichkeit, die wir eben erlebt. In dem Augenblicke, da der Wahnsinn der Welt den Gipfel des Entsetzens erreicht zu haben schien, verkünden aus der Ferne Trompetensignale neue Hoffnung, neue Zuversicht.

Freunde! Was wir in diesen Tagen erlebt, ist ein Märchen, das Wirklichkeit geworden. Das Schicksal hat wenige Menschen zur Bestimmung ausersehen, das Fürchterliche, das wir seit 4½ Jahren erdulden muß=

31

ten, mit einem Streich hinter uns zu werfen. Wir brauchen nicht mehr zurückzuschauen. Wir dürfen heute vorwärts sehen und sind gewiß, daß eine Zeit frucht= barsten Schaffens uns bevorsteht.

Verehrte Anwesende! Es ziemt sich für mich, heute, wo ich zum ersten Male Gelegenheit habe, vor Ihnen zu reden, vor den breiten Massen zu sprechen, die mit am Werke der Revolution gearbeitet haben, des Mannes zu gedenken, der durch einen unsinnigen Zufall ein Opfer der Revolution geworden ist. Durch die Zeiten wird einst wie eine Legendengestalt die Person des blinden Bauern aus Niederbayern schreiten, in dessen Kopfe dieses Werk seherisch vorbereitet wurde. Wir, denen es vergönnt war, in diesen Tagen mitzuhelfen, haben bisher kein Wort in die Öffentlichkeit getragen, wie sich diese gewaltige Umwälzung vorbereitet, wie sie sich vollendet. Aber des einen Mannes wollen wir gedenken, des Bauern, des blinden Bauern aus Nie= derbayern, Ludwig Gandorfer, mit dem ich Arm in Arm an jenem wilden Nachmittag und Abend durch die Straßen Münchens gestürmt bin, an jenem Tage, der die neue Freiheit schuf. Sein Herz war voll der Ahnungen einer neuen Zeit. Und es ist ein grauen= volles Schicksal, daß er den Sieg seines Gedankens nicht überleben durfte. Aber dieses Zusammenarbeiten eines einfachen Schriftstellers, eines geistigen Arbei= ters aus der Stadt, mit einem begabten, tapferen, heldenmütigen Bauern vom Lande: das ist ein An=

38

zeichen, ein Symbol der neuen Demokratie, die hier in Bayern, in Deutschland, auf der Welt werden soll.

Was wollten wir? Was wollen wir?

Wir wollten in dem Augenblicke, da Deutschland, da Bayern vom Zusammensturz bedroht war, aus den Massen des Volkes die schaffende Armee der Rettung bilden, das war der Sinn dieser Umwälzung.

Aber Freunde, wir wollen noch etwas anderes. Wir wollen der Welt das Beispiel geben, daß endlich einmal eine Revolution, vielleicht die erste Revolution der Weltgeschichte, die Idee, das Ideal und die Wirklichkeit vereint. Und je mehr uns der Abscheu erfüllte von dem, was die Herrschenden der Vergangenheit über die Welt an Elend, Verwilderung, Grausamkeit gebracht haben, desto mehr waren wir bedacht, menschlich zu sein, nur an die Vernunft der Menschen uns zu wenden.

Wir haben heute die Zuversicht, daß es uns gelingen wird, ohne Rückschlag, ohne Hemmung, ohne Gewalt den Weg zur neuen Freiheit zu finden. Wir sind Demokraten und Sozialisten. Wir verstehen unter Demokratie nicht, daß alle paar Jahre alle Bürger das Wahlrecht ausüben und die Welt regieren mit neuen Ministern und neuem Parlament. Wir, die wir eine neue Form der Revolution gefunden haben, wir versuchen auch eine neue Form der Demokratie zu entwickeln. Wir wollen die ständige Mit=

arbeit aller Schaffenden in Stadt und Land. (Stür=
misches Bravo.)

Und, liebe Freunde! Wer, wie ich, Gelegenheit ge=
habt hat, nun in den letzten Tagen diese Tausende
von Briefen zu lesen, diese zahllosen Menschen zu
sehen, die, von der überraschenden Wendung der Dinge
getrieben, an uns sich wenden, für den ist es eine
Erschütterung tiefster Art, zu sehen, wie überall draußen
ein n e u e r E n t h u s i a s m u s d e s S c h a f f e n s
sich regt. Als ob die Millionen nur darauf gewartet
hätten, um, befreit von dem Druck, nun mitzuhelfen.
Von den Arbeitern, Bauern, von den Schülern, von
den Gymnasiasten, in allen Klassen und Ständen
hinauf und hinab: von überall kommen die Geängstigten
und die Bedrückten und versichern uns: jetzt endlich
können wir arbeiten, jetzt endlich sehen wir ein Ziel.

Das ist Demokratie! Und diese Demokratie ist
heute schon Wahrheit. Die Vergangenheit ist tot und
(mit erhobener Stimme) w e h e d e n e n , d i e v e r =
s u c h e n s o l l t e n , d i e s e f l u c h b e l a d e n e V e r =
g a n g e n h e i t n e u z u b e l e b e n . (Stürmisches
Bravo.)

Wir sind S o z i a l i s t e n , d. h. wir wollen die
Hemmungen der wirtschaftlichen Ordnung beseitigen,
die auf die Massen wie auf die einzelnen drücken,
und erreichen, daß jeder Mensch, der geboren ist, seine
Gaben entfalten kann, und in verbürgter Sicherheit
des Daseins, die kärglichen Jahre irdischen Lebens,

34

erfüllt von Idealen, beglückt von Arbeit, erschöpfen kann. Gerade heute, wo wir so verbrecherisch mit Menschenleben gespielt haben, ist jedes Menschenleben uns heilig. Wir rufen über unser Land hinaus zu den Völkern, die gestern noch uns Feinde waren: Wir bekennen unsere Schuld! Und bahnen damit den Weg zu innerer Verständigung und Versöhnung.

Das war der letzte Krieg! Indem wir die Schuldigen an diesem Weltverbrechen beseitigten, so menschlich beiseite schoben, wie noch niemals, mit einer Rücksicht, die jene nicht verdient haben, (Bravo! und Sehr richtig!) aber in fester Entschlossenheit, gerade auch in der Beiseiteräumung des Alten zu zeigen, daß wir Menschen sind, so werden wir weitergehen und bitten Sie um Ihre Hilfe. Wir grüßen, die uns Feinde waren. Wir senden unsere Grüße zu den Völkern Frankreichs, Italiens, Englands und Amerikas. Wir wollen mit ihnen gemeinsam die neue Zeit aufbauen.

Alle, die reinen Herzens, klaren Geistes und festen Willens sind, sind berufen, am neuen Werke mit= zuarbeiten. Vergessen wir, was war, und vertrauen wir dem, was wird. Eine neue Zeitrechnung beginnt, und wir, die wir mitgeholfen haben, bekennen in demütiger Ehrfurcht vor dem dunklen Schicksal, das die Menschheit geleitet: Wir danken diesen geheimnis= vollen Mächten, daß wir mithelfen dürfen, die Welt zu befreien. Die Freiheit erhebt ihr Haupt, folgt ihrem Rufe!" (Stürmischer Beifall.)

Gesang der Völker *)

von Kurt Eisner.

Der Text nachstehenden Liedes wurde zur ersten bayerischen
Revolutionsfeier verfaßt.

Melodie: Niederländisches Dankgebet.

Wir werben im Sterben
Um ferne Gestirne.
Sie blinken im Sinken
Und stürzen in Nacht.
Es wollen die Massen
Nicht das Leben hassen.
Die Freiheit ruft empor,
Von den Sternen bekränzt.

Die Zeiten entgleiten.
Die Erde erbebte.
Es krallte das Alte
Ins Herz junger Zeit.
Da mußten die Bleichen
Den Schreitenden weichen.
Du Volk wurdest erweckt,
Der Tod war besiegt.

Wir schwören zu hören
Den Rufern der Freiheit.
Wir schirmen in Stürmen
Die heiligen Höhn.
Die Menschheit gesunde
In schaffendem Bunde,
Das neue Reich ersteht.
Oh Welt werde froh!
Welt werde froh!

Rede

vor dem Münchner Arbeiter-, Soldaten- und Bauernrat am 28. November 1918 (unveröffentlicht).

Ministerpräsident Eisner: Meine Herren!
Ich habe Sie gebeten, heute zu einer zwanglosen Be-
richterstattung hier anwesend zu sein, weil es mir notwendig erscheint, in größerem Kreise die politische Lage,
wie sie gegenwärtig in Deutschland herrscht, zu zeich-
nen. Ich werde von besorgten Leuten von allen Seiten
bedrängt, daß ich mich doch irgendwie mit der Presse
auseinandersetzen möchte. Ich lege keinen Wert darauf.
Ein Teil der Presse wird zweifellos gegenwärtig in
Attel redigiert, dem schönen Ort am Inn, wenn ich
nicht irre, wo sich die größte Kretinenanstalt von
Bayern befindet. (Heiterkeit!) Damit kann man nicht
polemisieren. Ob ich Salomon Kuschinski geheißen
habe oder sonstwie, die Herren können ja meine Polizei-
akten einfordern, wenn sie sich interessieren, oder ob
ich im Salonwagen des Kaisers oder Königs mit
meiner Tochter nach Berlin gefahren bin, soll ich darüber eine Polemik anfangen? An und für sich wäre eine
solche Fahrgelegenheit von Vorteil gewesen. Wenn man
gesagt hat, daß der alte König darauf verzichtet hat,
so hätte er auch gut in einem Personenzug fahren

können, da ihm Zeit genug zur Verfügung gestanden hat, während für mich jede Minute kostbar ist. Also, auf diese Art von Preßäußerungen gehe ich nicht ein. Etwas anderes sind die politischen Kundgebungen, die wir jetzt in der Presse erleben. Wer ein alter, hartgesottener Journalist ist wie ich, der kennt das Getriebe und der lacht darüber. Wenn drei gestürzte Abgeordnete durchaus wieder ein Mandat haben wollen, dann schreien sie wie 3000 und das ist der Schrei nach der Nationalversammlung. (Sehr gut!) Die Dinge liegen in Deutschland so ernst, ich möchte beinahe sagen, so verzweifelt, daß man dieses Preßgetriebe nur gewissenlos, verbrecherisch nennen kann. (Sehr richtig!) Denn es muß im Ausland aus diesen Preßmeinungen die Meinung entstehen, als ob wir hier uns auf eine blutrünstige Säbeldiktatur stützten und die großen Massen der Bevölkerung nur darauf warten, uns wieder zu stürzen. (Sehr richtig!) Und Sie können sich wohl vorstellen, welchen Eindruck das draußen bei der Entente machen muß, die Frieden mit uns schließen soll, wenn sie die Überzeugung gewinnt, daß bei uns alles noch in Unordnung und Unruhe ist, daß das gegenwärtige System fallen wird. Die Herren von der Presse, die 4½ Jahre lang das deutsche Volk angelogen haben (Sehr richtig!), haben nach einer kurzen Pause sich zu ihrem alten Berufe wieder gefunden und lügen weiter. (Beifall und Händeklatschen!) Heute stehen in Bayern 95% des Volkes hinter uns. (Sehr richtig!) Sie wissen, das Volk weiß, daß wir eine Demokratie hier schaffen wollen, die fester wurzelt und breiter ausgedehnt ist als irgend eine Demokratie der Welt. Wir wollen das gesamte schaffende Volk unmittelbar zur Mitarbeit heranziehen, und das ist mehr, als wenn später, sobald die Vorarbeiten geleistet sind, durch den Wahlzettel wieder das übliche Parlament eingeführt ist. (Sehr richtig!) Heute h a b e n wir die Demokratie, und wenn unsere Organisationen heute weiter ausgebaut werden, dann wird die Demokratie auch in das neue Parlament, in die Nationalversammlung einziehen. Wenn hingegen heute, wo wir noch nicht einmal Frieden haben, wo die Lebensmittelnot so furchtbar ist, daß, wenn nicht unmittelbar Hilfe eintritt, wir alle verhungern, wo wir keine Rohstoffe haben, die Herren glauben, die Gestürzten, die Schwarzen und die Blauen, die Gelben und die Grünen, daß wir Zeit dazu haben, jetzt Wahlagitationen zu treiben, so irren sie sich. (Sehr richtig!) Wir müssen arbeiten, und deswegen spreche ich nicht zur Presse, sondern zu Ihnen, und ich werde es auch ferner so halten. Wenn ich etwas auf dem Herzen habe, komme ich zu Ihnen. (Beifall!) Ich verhandle lieber mit Ihnen, ich gehe lieber wie gestern in eine Versammlung von Hausangestellten und von Leuten, die noch nie in einer Versammlung waren, und spreche zu ihnen, als mich mit jenen abgebrühten Elementen des alten Systems auseinanderzusetzen. (Bravo!)

Meine Herren! Ich spreche zu Ihnen, zu den Ar=
beiter=, Soldaten= und Bauernräten. Aber ich bin nicht
im mindesten im Zweifel, daß es bereits heute weite
Kreise gibt, die nur darauf warten, diese aus der Re=
volution geschaffenen Körperschaften des Volkes wieder
zu beseitigen. (Sehr wahr!) Der Ruf nach der National=
versammlung im Reiche wie in den Einzelstaaten ist
nur dadurch diktiert, daß man hofft, durch die
Nationalversammlung die unmittelbare lebendige Teil=
nahme der Massen wieder auszuschalten. (Sehr richtig!)
Statt der Massen sollen wieder die Führer ihr ange=
sehenes Dasein führen.

Meine Herren! Der alte Parlamentarismus hat
wesentlich dazu beigetragen, uns in diese Lage zu
bringen, in der wir uns jetzt befinden (Sehr richtig!),
und ich glaube, die Revolution wäre umsonst ge=
schehen, wenn wir darauf eingehen wollten, diese aus
der Revolution entstandenen Körperschaften wieder ganz
zu beseitigen oder — das will man wohl nicht — inner=
lich zu lähmen, innerlich zu entnerven. Meine Herren!
Die Arbeiter=, Soldaten= und Bauernräte müssen sich
jetzt konsolidieren, sie müssen die Grundlage aller zu=
künftigen parlamentarischen Tätigkeit bilden; die Na=
tionalversammlung kann nicht der Anfang sein, sie kann
nur das Ende, das letzte Ergebnis der Tätigkeit der
Arbeiter=, Soldaten= und Bauernräte bilden. (Sehr
wahr!) Man hat ja gegenwärtig vor allem Angst, man
fürchtet sich, nachdem man 4½ Jahre so ungeheuren

Mut aufgebracht hat und wir von einem Monat zum andern Monat, von einem Jahre zum andern Jahre vertröstet wurden mit der kühnen Heldenformel „wir schaffen's" — obwohl die Welt gegen uns stand, „wir schaffen's" — und jetzt auf einmal wird das Gegenteil gepredigt, jetzt sollen wir es nicht mehr schaffen können; jetzt, wo die neue Zeit anhebt und das Volk in Freiheit zu arbeiten beginnt, jetzt kommen die Furchtmeier, die Angstbläser und machen aus dem deutschen Volk eine Horde von Feiglingen, die sich vor links fürchtet, vor rechts fürchtet, vor oben fürchtet und vor unten fürchtet. Meine Herren! Fürchten wir uns vor gar nichts außer vor unserer eigenen Angst! (Sehr richtig!)

Es geht gewiß in diesen neuen Körperschaften manchmal etwas ungebärdig zu, ganz gewiß; das ist aber selbstverständlich. Wie soll in der Freiheit eine neue Organisation geschaffen werden, ohne daß sie ihre Kräfte regt und auch einmal eine Dummheit begeht? Das schadet gar nichts. Nur im Schaffen, nur im Vorwärtsdrängen reift die Freiheit. Ich will einmal bei anderer Gelegenheit, nicht in dieser Plenarsitzung der versammelten Räte, sondern, das scheint mir notwendig zu sein, in einer Versammlung der Arbeiterräte über deren Aufgaben im besonderen sprechen.

Die Besorgnis, daß die Arbeiterräte es an idealistischem Schwunge fehlen lassen und von materiellen Interessen diktiert werden, — auch das wird schon behauptet — teile ich nicht. Als wir kleines Häuflein der

sogenannten Unabhängigen, die wir jetzt gemeinsam ar=
beiten, arbeiten müssen mit den andern, unsere Organi=
sation schufen, da war der erste, der leitende Gedanke,
daß jeder, der in dieser Organisation wirke, es um der
Sache selbst willen, ohne jeden persönlichen Vorteil tun
müsse, und es scheint mir auch, daß das der Geist der
neuen Arbeiter=, Soldaten= und Bauernräte sein soll.
(Sehr richtig!) Selbstverständlich müssen diejenigen,
die ihre Arbeit versäumen, die aus der Arbeit gehen
müssen, ihre angemessene Entschädigung erhalten. Aber
die großen Körperschaften müssen, wenn jetzt einmal diese
revolutionären Zeiten vorüber sind, wenn alle Kräfte an=
gespannt werden, aus Idealismus, um der Sache willen
tätig sein, diese Körperschaften zur Mitarbeit an der Ge=
samtheit fähig zu machen.

Ich will bei der Gelegenheit noch, bevor ich — wes=
wegen ich Sie hierhergerufen habe — meine Berliner
Eindrücke schildere, noch eines erwähnen. Wir haben,
glaube ich, aus Nürnberg einen Protest erhalten,
weil wir, die gegenwärtige Regierung, darin ein=
willigen, daß auch andere Berufskreise eine Vertretung
in der provisorischen Nationalversammlung erhalten.
Meine Herren! Das ist unerläßlich. Wir müssen allen
Kreisen der Bevölkerung, sofern sie im weitesten Sinn
den arbeitenden Kreisen und Klassen angehören, hier in
der Provisorischen Nationalversammlung Vertreter las=
sen. Dieser Protest, der von Nürnberg gekommen ist,
scheint aus der Befürchtung hervorzugehen, daß nun

der Schwerpunkt der politischen Macht in diesem Par=
lament auf jene Vertreter der anderen Organisationen
hinübergehen könnte. Die Gefahr besteht nicht. Die
Grundlage der politischen Macht besteht bis zur end=
gültigen Nationalversammlung außer in der Regierung
in den Arbeiter=, Soldaten= und Bauernräten (Sehr
gut!), und was wir sonst zur politischen Arbeit heran=
ziehen, das soll eben nur arbeiten, diese Elemente sollen
sich daran gewöhnen und sollen sich bereit zeigen, mit uns
mitzuarbeiten, nach unseren sozialistischen und demo=
kratischen Gedanken. Schließen wir diese anderen Kreise
der Bevölkerung aus, dann werden wir einen großen Teil
nützlicher Arbeit einbüßen. (Sehr richtig!) Wir brau=
chen sie, wir brauchen ihre fachmännische sachliche Tä=
tigkeit, aber die politische Bestimmung, politische Macht
räumen wir ihnen nicht ein (Sehr richtig!), so lange
wir überhaupt in der Regierung sind, so lange die Ar=
beiter=, Soldaten= und Bauernräte kräftig sind und
wachsen können.

Meine Herren! Ich sage, alle die Vertreter dieser
Organisation bis zum katholischen Lehrerinnenverein, der
auch gebeten hat, eine Vertretung zu finden, sollen zu
ihrem Rechte kommen. Jeder soll seine Gedanken, seine
Anregungen in vollständiger Freiheit zum Ausdruck
bringen. Ich gestehe Ihnen ganz offen, mir ist
eine katholische Lehrerin, die in ihrer alten Über=
zeugung bleibt, und auch unter dem neuen Regime
versucht, für ihre alte Überzeugung geistig einzutreten,

44

viel lieber (Sehr richtig!), als der Haufen von Menschen, deren wir uns gar nicht erwehren können, jener Revolutionsgewinner, die nun über Nacht alle Revolutionäre, Republikaner, Demokraten, Sozialisten geworden sind. (Sehr richtig! Bravo!) Auch das bestimmt uns, gerade auch solche Vertreter hier zu Wort kommen zu lassen. Wir wollen einmal versuchen, wie weit demokratische und sozialistische Ideen unmittelbar in der Praxis der Politik umgestaltend und umwälzend für die Gesamtheit wirken können.

Nun, Sie haben in den letzten Tagen allerlei Kundgebungen, die mit meinem Namen gezeichnet sind, gelesen. Ich kann heute mit einer gewissen Genugtuung die Tatsache verzeichnen, daß ich mich gegenwärtig der allergrößten Unbeliebtheit in der öffentlichen Meinung erfreue. Ein paar Tage lang war ich sehr beunruhigt, wir hatten eine so ausgezeichnete Presse für uns (Heiterkeit!); auf einmal geht es von allen Seiten wieder los, und nun bin ich ganz sicher, daß wir auf dem richtigen Wege sind (Beifall und Händeklatschen!).

Ich habe dieses Blatt nicht bei mir, ich habe es heute Mittag gelesen. Wir treiben ja Fastnachtsspiele, Hanswurstereien, in überschäumender Phantastik versuche ich Bayern zu regieren und von dort aus das Deutsche Reich. Ich bin ein alter 48er mit wallenden Locken — ich wünschte, ich hätte sie noch! — Meine Herren! Was bedeutet das alles! Die Ratten sind wieder aus ihren Löchern gekrochen (Sehr richtig!), und nachdem sie

kurze Zeit verjucht haben, jich anzupaffen, und jich durch
janfte und jüße Redensarten mit den neuen Verhältniffen
abzufinden, jo fangen jie jetzt, nachdem jie erkannt
haben, daß wir nicht jo unglaublich dumm jind, um
diejes Spiel nicht zu durchjchauen, wieder an zu jchimp=
fen, von allen Seiten, und zu höhnen. Wodurch ijt diefe
Umwandlung veranlaßt?

Ich kam nach Berlin als Vertreter Bayerns und jah
da zu meiner großen Überrajchung, daß in Berlin die
Konter=Revolution nicht droht, jondern daß jie ruhig
regiert. Die Konter=Revolution regiert in Berlin (Hört!
Hört!) ganz gemütlich, als ob gar nichts gejchehen wäre,
und als ich das jah, da holte ich aus meiner Akten=
mappe jenes Schriftjtück, durch das nun der letzte
Schleier von den Geheimniffen diejes Weltkriegs ge=
riffen wird, jenen Bericht des Vertreters des Grafen
Lerchenfeld, des Herrn v. Schön, an den Grafen Hert=
ling, in dem nun in aller Behaglichkeit auseinander=
gejetzt wird, wie man beabjichtigte, den Weltkrieg zu
entfejfeln. (Hört! Hört! und Pfui!=Rufe.) Damit wollte
ich die Konter=Revolution, die regierende Konter=Revolu=
tion in die Luft jprengen! (Ruf: Bravo!) Ich habe dann
diefe Arbeit fortgejetzt in der Verjammlung der Ver=
treter der deutjchen Republiken und ich hatte das Glück,
unmittelbar neben dem Herrn Erzberger und Herrn
Solf zu jitzen (Heiterkeit!). Ich habe mit aller Höflich=
keit, die ich in jolchen Fällen zu entwickeln pflege, ihnen
die Wahrheit gejagt (Bravo!), jo jehr die Wahrheit ge=

46

fagt, daß ich erwartete, daß fie verfchwinden würden. Als das auch noch nicht half, habe ich erklärt, daß ich mit Herrn Solf und den Seinen überhaupt nicht mehr verhandle. (Lebhaftes Bravo! Beifall!) Das ift mir bitter ernft. Die Dinge liegen doch fo: der Haß gegen Berlin wächft, nicht gegen die Berliner Arbeiter, nicht gegen das Berliner Volk (Sehr richtig!), fondern gegen das Hauptquartier des Weltkrieges. (Sehr richtig!) In Berlin ift das Verbrechen ausgekocht worden, und des= halb der Haß gegen Berlin, und ich, der ich dringend wünfche, daß diefe Zerfetzung Deutfchlands nicht zu einer endgültigen Auflöfung Deutfchlands führe (Bravo!), fondern daß wir beifammen bleiben (Sehr gut!), ich bin der feften Überzeugung, daß zunächft einmal die Ein= zelftaaten fich ihrer eigenen Haut wehren müffen (Ganz richtig!), fo lange, bis wir wieder zufammen aktions= fähig werden. (Sehr gut! Bravo!) Wir können nicht mit dem alten Syftem weiterarbeiten. Wir wiffen, unfer Freund Karl Kautfky fitzt im Auswärtigen Amte, aber Herr Solf treibt Politik auf eigene Fauft (Hört!) und Karl Kautfky erfährt nicht einmal davon, was im Auswärtigen Amte gefchieht. (Unerhört!) Ich habe den Eindruck, daß in Berlin unter dem Drucke des langen Krieges in dem Erfchöpfungszuftande der elenden Ernährungsverhältniffe beinahe die gefamte Bevölkerung fo fehr zerrüttet und gefchwächt ift, daß dort fich keine Entfchlußkraft mehr findet! (Ruf: Sehr richtig!) Man hat den Eindruck, daß in Berlin geträumt und nicht gehandelt wird, und deshalb war es meine Absicht, von hier aus, wo wir vielleicht unter dem Einflusse der Höhenluft noch etwas frischer und kräftiger sind (Heiterkeit!), von hier aus, auch etwas frische Luft nach Berlin zu importieren. Meine Herren, Sie können diese Lage als gar nicht ernst genug betrachten. Was im Auswärtigen Amte sitzt, ob es nun alldeutsch ist oder ob es seit mehr oder minder kurzer oder langer Zeit für den Verständigungsfrieden gewirkt hat, das ist ganz gleich, diese Herren sind Vertreter des alten Systems (Sehr richtig!), und in ihren Händen ist noch der gesamte Apparat der öffentlichen Meinung, der Presse des In= und Auslandes. Der funktioniert noch genau so wie während des Krieges. (Sehr richtig!) Überall sitzen die Agenten, in Bern, im Haag, in Kopenhagen, in allen Zeitungen Deutschlands und des neutralen Auslandes und versuchen ihre Unentbehrlichkeit zu beweisen, alles durcheinander zu bringen, vor allem, um sich selber zu retten. Sie finden jetzt die Presse angefüllt von Mitteilungen über die Absichten der Entente. Bald marschiert die Entente in Berlin ein, bald in München, bald verwüsten schwarze Horden die Pfalz (Ruf: im Winter!). Ja, im Winter, es sind tatsächlich afrikanische Regimenter in der Pfalz, aber es sind weiße, — eine Farbenverwechslung. (Heiterkeit!) Es wird sich noch sehr viel Unheil aus diesen Winkeln über die Welt ergießen, weil Herr Erzberger und Herr Solf als kompromittierte Persönlichkeiten weder Waffenstillstandsbedingungen günstiger Art erreichen, noch einen

48

günstigen Frieden schließen können. (Sehr richtig!) Und weil sie von ihrem Platze nicht weg wollen. (Aha!) Vielleicht nicht weg können (Hört! Hört!), weil sie das fürchten, was kommt, wenn sie nicht mehr auf dem Presseapparat spielen und man hinter ihre Geheimnisse kommt. Darum wird jetzt die deutsche Öffentlichkeit in diese Unruhe gestürzt. (Sehr richtig!) Darum werden auch die Völker der Entente gegen uns jeden Tag aufgehetzt. (Sehr richtig!) Das Spiel, das gegenwärtig im November 1918 getrieben wird, ist nicht minder ruchlos, als das Spiel, das im Juli und August 1914 getrieben wurde. (Sehr richtig! Bravo! Lebhafter Beifall!) Die bankerotten Politiker, die die neuen revolutionären Organisationen beseitigen wollen, scharen sich um das Banner der Nationalversammlung, und die verbrecherischen Politiker, die den Weltkrieg gemacht und fortgesetzt haben, und die uns in den Abgrund gestürzt haben, die versuchen heute nochmals, den Haß und den Zorn des deutschen Volkes gegen die Entente zu schüren, damit man sie selbst und ihre Armseligkeit vergißt.

Ich habe mir das Mißfallen zugezogen dadurch, daß ich neulich eine Note gegen Hindenburg erlassen habe; das hat sehr viele sanfte Gemüter verletzt. Ich wußte aber genau, was ich tat, heute bin ich aus dem Hauptquartier antelephoniert worden, und man hat mir mitgeteilt, daß der alte Generalissimus Hindenburg sehr verletzt wäre durch diesen gänzlich unerwarteten Angriff. Bei dieser Gelegenheit habe ich dann erreicht, was ich er-

reichen wollte. Es ist telephonisch festgestellt, daß auch
diese Kundgebung, die den Namen Hindenburgs trägt,
auch im Auswärtigen Amte, in Berlin, wenn nicht ge=
schrieben, so veranlaßt ist. (Lebhafte Hört! Hört=Rufe!)
Ich habe dem Generalissimus Hindenburg telephonieren
lassen, er sei ein Opfer der Berliner Politik geworden
(Rufe: Sehr richtig!), und man hat mir versprochen,
daß man künftig im Hauptquartier in politischen Dingen
noch vorsichtiger sein werde, als schon bisher. Meine
Herren! Sie sehen hier an dieser einen Tatsache ein
Beispiel der neuen Politik, die keine Geheimdiplomatie
mehr kennt, sondern nur mit der Wahrheit arbeitet.
(Lebhafter Beifall!) Sie sehen daraus, wie schnell es
möglich ist, durch einen etwas kühnen Vorstoß den Feind
aus seinen Schlupfwinkeln herauszuholen. (Beifall!)

Meine Herren! Wenn ich als Minister des Äußern
erklärt habe, daß ich mit dem Auswärtigen Amte in
Berlin nicht mehr verkehre, so habe ich es im Bewußt=
sein getan, daß dort das Nest ist, das ausgeräuchert
werden muß (Lebhafte Rufe: Sehr richtig! und Hände=
klatschen), wenn wir zum Frieden kommen wollen. Ich
habe heute aus Bern von der Bayerischen Gesandt=
schaft, und zwar nicht von unserem Gesandten, der
gegenwärtig hier in München ist, sondern von seinem
Vertreter, also einem von dem alten Personal, die Mit=
teilung erhalten, daß ihm authentisch versichert worden
sei, daß keine Rede davon sein könne, daß die Entente
daran denke, was ja in den letzten Tagen in der deut=
50

schen Presse zu lesen war, wieder einen Krieg mit uns anzufangen. (Beifall!) Glauben Sie denn, daß die französischen, englischen und amerikanischen Soldaten anders geartet sind wie die deutschen? (Rufe: Sehr richtig!) Wir haben in Puchheim das große Gefangenenlager; ich weiß nicht, etwa 45 000 französische und russische Gefangene werden bewacht von 4000 bayerischen Soldaten, und die Gefangenen wie die Wächter sind vollständig solidarisch in dem einen Gefühle, möglichst schnell nach Hause zu kommen, und dieses Gefühl haben die französischen, die englischen und amerikanischen Soldaten, namentlich die französischen, die am längsten geblutet haben. (Zuruf: Siegestaumel!) Glauben Sie, daß der Siegestaumel dahin führt, daß die französischen Soldaten nicht nach Hause wollen? Ich glaube das nicht; ich weiß das Gegenteil. Alle Völker brauchen auch außer den Soldaten den Frieden, genau wie wir. Sie müssen auch aufbauen und neu schaffen. Überall ist der finanzielle Zusammenbruch, überall ist die Notwendigkeit, die Wirtschaft wieder so rasch als möglich herzustellen, in Europa wenigstens. Nein, meine Herren, ich verbürge mich dafür: In dem Augenblicke, wo in Deutschland eine aktionsfähige Regierung ist, die das Vertrauen genießt, daß sowohl die Massen hinter ihr stehen, als daß sie nun ehrlich und offen Frieden schließen will, im selben Augenblick haben wir den Frieden. Und gleichgültig, wie man über diese Frage denken mag: Wir müssen in Deutschland den

Frieden haben. (Sehr richtig!) Wir müssen jeden Weg gehen, um den Frieden zu haben. (Zustimmung!)

Meine Herren! Ich möchte Ihnen noch ein Beispiel geben von der Verruchtheit jener Treibereien, die aus dem Auswärtigen Amte stammen. Vor ein paar Tagen lief durch die Presse die Mitteilung, daß die Mitteilungen unseres Freundes Haase über die Lebensmittelnot nicht richtig seien; in Berlin, im Lebensmittelministerium des Genossen Wurm, sei man nicht so pessimistischer Anschauung. Solche Mitteilungen müssen also in den ehemals feindlichen Ländern den Verdacht erwecken, daß es in Deutschland noch nicht so schlimm steht, wie es in Wirklichkeit steht. Wenn es die Presse selber sagt, so schlimm steht es noch nicht, wie soll man draußen das nicht glauben? Und die Folge von solchen Ausstreuungen ist, daß man in Frankreich, in England, in Amerika, in Italien glaubt, daß nun wieder überhaupt alles bei uns Schwindel ist. Die ganze Revolution wird für einen Schwindel gehalten, nur für eine Maskerade des alten Systems. Englische Blätter, englische Hetzblätter bringen die Mitteilung, der Deutsche Kaiser sei noch gar nicht entthront, er sei nur vorübergehend ins Ausland gegangen mit Zustimmung seines treuen Volkes, um eine Komödie der Entente vorzuspielen, und er denke nur daran, sofort wiederzukommen, dann wieder den neuen Militärstaat aufzurichten und dann nach einigen Jahrzehnten wieder den Krieg anzufangen, er oder sein Sohn. So wirken diese Dinge im Auslande. Nun, meine Herren,

52

wir wissen, daß wir eine Revolution gehabt haben und wir wissen auch, daß die Herren, die gestern regierten, nicht wieder kommen werden. (Sehr richtig!) Wir in Bayern haben Vertrauen, und wie es uns bereits gelungen ist, mit der tschechischen Republik in Verbindung zu treten, wie wir von dort aus Kohlen bekommen (Beifall!), damit die bayerischen Industrien nicht vollständig stillstehen, in bescheidenem Maße, aber wir bekommen doch bereits Kohlen, wodurch haben wir das erreicht? Nur dadurch, daß wir in vollkommener Offenheit mit ihnen verhandelt haben, so kommen wir auch nur zum Frieden. Aber in Berlin ist keine Regierung, die Frieden schließen kann. Auch eine Nationalversammlung, die einberufen würde, würde keine Regierung schaffen, die fähig wäre, den Frieden zu schließen. Was notwendig ist in Berlin, ist, daß die Massen sich rühren und ihrerseits eine aktionsfähige Regierung einsetzen. (Sehr richtig!) (Zuruf!) Bis dahin wird München allerdings der Vorort von Deutschland sein müssen. (Stürmischer Beifall und Händeklatschen!) Ich sprach eben von den Gerüchten, daß die Lebensmittelnot bei uns nicht so groß ist. Meine Herren! Die amtlichen Berichte, die uns in Berlin vorgetragen worden sind, lassen keinen Zweifel darüber, daß, wenn wir nicht sofort von der Entente Lebensmittel bekommen, wir untergehen, wir verhungern. Die Lebensmittel reichen überhaupt höchstens bis Ende März (Hört! Hört!) Und was an Lebensmitteln noch vorhanden ist, reicht nur aus, um auch während dieser Zeit bis Ende März im Durchschnitte des Reiches einen langsamen Hungertod vorzubereiten. Liegen die Dinge so, so können Sie ermessen, welcher verbrecherische Wahnsinn dazu gehört, heute noch diese Treibereien gegen die Entente fortzusetzen (Lebhaftes: Sehr richtig!), mit Protestkundgebungen wegen Verletzung der Waffenstillstandsbedingungen wie Herr Erzberger zu arbeiten, und alles nur von einer kleinen Horde von Menschen (Zuruf!), die für ihre Existenz fürchten und die am Leben bleiben wollen und deshalb heute noch die ganze Welt in Unordnung bringen. (Lebhaftes: Sehr richtig!) Das, meine Herren, wollte ich Ihnen heute sagen, und das ist der Sinn meiner Aktion gegen Berlin, nicht der Zweck, Bayern loszulösen vom Reiche, sondern die Erkenntnis, daß, wenn die Massen in Berlin nicht aufwachen und eine neue Regierung, nämlich eine neue Regierung schaffen, die die auswärtigen Angelegenheiten behandelt, wir nicht zur Ruhe und nicht zum Frieden kommen. Deshalb, meine Herren, versuche ich von hier aus, jetzt das Notwendige, das Notwendigste zu tun. Ob es gelingt, das weiß ich nicht. Aber wir haben keinen anderen Weg, wir müssen zum Frieden kommen und ich appelliere an dieser Stelle an die Völker der Entente. Wir wollen nicht als Bittsteller kommen, nicht als Bettler kommen (Beifall!), das tun wir nicht. Wir kommen als Menschen (Lebhafter Beifall!), die das Bewußtsein haben, daß wir aufgeräumt haben, hier in Bayern, mit den Verantwortlichen des alten Systems.

54

(Stürmischer Beifall und Händeklatschen!) Wir kom=
men mit reinen Händen. Wir, die wir die Regierung
hier leiten, haben von Anfang dieses Krieges an gegen
die Kriegspolitik gekämpft unter persönlichen Opfern
mit Hintansetzung aller Interessen, im Kampfe gegen
die eigene Regierung, bis zum Tode entschlossen, und
deshalb dürfen wir so zur Entente reden. Wir sind
Menschen, wir sind Vertreter von 70 Millionen Men=
schen, die leben wollen, und Eure Pflicht drüben, un=
sere Feinde, ist jetzt, zu vergessen und mit uns gemein=
sam zu arbeiten und die Welt aufzubauen. (Stürmi=
scher Beifall und Händeklatschen!)

Meine Herren! Zum Schlusse, und das will ich
auch, ich weiß nicht, ob es gehört wird, über die
Grenze hinüberrufen: Man fürchtet sich drüben vor
dem Bolschewismus, wie man sich auch bei uns
fürchtet vor dem Bolschewismus. Meine Herren! Diese
Furcht ist entstanden dadurch, daß wir Arbeiter=, Sol=
daten= und Bauernräte gebildet haben, also das rus=
sische Beispiel in dieser Hinsicht nachgeahmt haben.
Aber, meine Herren, wir, die wir ja Arbeiter=, Sol=
daten= und Bauernräte bilden, wir wissen ganz ge=
nau, daß wir die russischen Methoden weder ange=
wandt haben, noch die russischen Ziele verfolgen.
Russischen Bolschewismus gibt es nicht in Deutsch=
land mit vielleicht der Ausnahme einiger Phan=
tasten. Wir glauben nicht, daß auf russischem Wege
das Ziel erreicht werden kann, das uns vorschwebt, die

Demokratie und die sozialistische Gesellschaft. Wir glauben nicht, daß es uns möglich ist, die Produktion in dem Augenblicke zu vergesellschaften, wo die Produktion vollständig zerrüttet ist. (Sehr richtig!) Ich habe im Berliner Arbeiter- und Soldatenrat, in dem ich sprach, diese Gedanken auch entwickelt, und sie fanden die einmütige widerspruchslose Zustimmung des Vollzugsausschusses des Berliner Arbeiter- und Soldatenrates, also jener Körperschaft, die in dem Verdachte steht, an Bolschewismus das Äußerste zu leisten. Nein, meine Herren, ich habe den Eindruck, wir sind hier viel radikaler, als in Berlin, nur reden sie manchmal dort radikaler als wir. Wir wollen hier die neue Gesellschaft aufbauen. Wir wollen nicht morden. Wir errichten keine Diktatur des Säbels, ich habe keinen Säbel, und die mit mir sind, haben auch keinen. Wir wollen durch Arbeit, unmittelbare schöpferische Tätigkeit den Wiederaufbau Deutschlands so rasch wie möglich im Interesse der Gesamtheit zu Ende bringen. (Bravo!) Und zu dieser Arbeit müssen uns die Völker drüben helfen. Ich habe den festen Glauben, wenn erst jene Elemente ausgetilgt sind, die noch von gestern übrig geblieben sind, dann kommen wir zu diesem Ziele. Ich bitte Sie, zu arbeiten und wachsam zu sein, aufzupassen, daß nicht die Kontre-Revolution wieder erstarkt, nicht die Kontre-Revolution, die mit Maschinengewehren, Kanonen und Flinten arbeitet, nein, die Kontre-Revolution, die schlau

56

und liſtig ſich einſchleicht und eines Tages wieder da ſitzt, feiſt und fett und erklärt, jetzt regieren wir, jetzt ſind wir wieder da, wenn die Gefahr vorüber iſt. Dieſe Gefahr beſteht. Deshalb zunächſt der Kampf mit allen Konſequenzen gegen die Berliner Regierung, ſoweit ſie vertreten iſt im Auswärtigen Amt. Zweite Aufgabe: Sofortigen Frieden. Das wird die Aufgabe der bayeriſchen Regierung ſein, ob das i h r möglich iſt, wenn Berlin verſagt. Kein Separatfrieden, ſondern der Verſuch, für ganz Deutſchland den Frieden zu bewirken. (Lebhafter Beifall.) Meine Herren! Ich bitte Sie um Ihre Mitarbeit. Der Vollzugsausſchuß des Arbeiter= und Soldatenrats hat geſtern nach Berlin ein Telegramm gerichtet, in dem er die Wegjagung jener Herren im Auswärtigen Amt verlangt. (Bravo!) Ich hoffe, daß unbeeinflußt durch uns aus ganz Bayern ähnliche Kundgebungen kommen und, meine Herren, zum Schluſſe: Wenn wir durchaus nicht mit Berlin zuſammenarbeiten können, dann ſind wir gezwungen, einſtweilen auf eigene Fauſt zu handeln. (Stürmiſcher Beifall.)

(Folgt Vorſitzender; darauf)

Miniſterpräſident Eisner: Meine Herren! Es iſt ein Antrag eingegangen, der folgendermaßen lautet: Das Haus iſt ſich einig mit den Ausführungen des Miniſterpräſidenten Kurt Eisner: Einverſtanden ſind wir, indem wir feierlich erklären, ihn in ſeinem Wirken künftig ſtark und geſchloſſen zu unterstützen. Darum weg mit den Friedensstörern, weg mit solcher verbrecherischer Regierung.

Ich glaube, wir nehmen diesen Antrag zur Kenntnis, ohne daß wir ihn formell annehmen wollen, und zwar bitte ich Sie deshalb, ihn nicht formell anzunehmen, weil so eine Art Vertrauensvotum für mich darin enthalten ist. Meine Herren! Das Verhältnis von Ihnen zu mir ist viel einfacher, als daß es durch ein Vertrauensvotum charakterisiert werden kann. Ich arbeite für Sie so lange, wie Sie meine Arbeit wünschen, und wenn Sie meine Arbeit nicht mehr wünschen, dann gehe ich stillvergnügt beiseite; da brauchen wir gar keine feierliche Kundgebung des Vertrauens. (Zurufe: Sehr richtig!) Auch diesen parlamentarischen Zopf können wir vielleicht abschneiden. Dagegen würde ich Sie bitten, den gestern vom Vollzugsausschuß des Arbeiter= und Soldatenrats (Zurufe: und Bauernrats!) angenommenen Beschluß Ihrerseits zu bestätigen:

Der Vollzugsausschuß des Arbeiter= und Soldatenrates München (Zurufe: und Bauernrats!) ja, meine Herren, ich lege ganz besonderen Wert auf den Bauernrat; der ist ja wichtig, ist meine Lieblingsschöpfung und die Revolution wäre ohne Bauern hier in München nicht zustande gekommen. (Sehr richtig!) Der Vollzugsausschuß des Arbeiter=, Soldaten= und Bauernrates in München entnimmt aus den Verhandlungen der Konferenz der Vertreter der deutschen Republiken mit Entrüstung die unerhörte Tatsache, daß noch immer

58

die kompromittiertesten Vertreter des bisherigen Sy=
stems, die Herren Erzberger, Solf, David und Scheide=
mann, den entscheidenden Einfluß besonders in der
Auswärtigen Politik ausüben. Wir verlangen die so=
fortige Beseitigung dieser kontre=revolutionären Elemente
und fordern den Arbeiter= und Soldatenrat in Berlin
auf, mit allen Mitteln den Sturz einer Regierung
herbeizuführen, die weiterhin solchen Personen eine ent=
scheidende Stellung einräumt.

Meine Herren! Da sind auch zwei sozialistische Herren
genannt. (Zurufe!) Das widerspricht ja nun — (Zu=
rufe!) Darf ich ein Wort sagen? — unserer versöhn=
lichen Stimmung. Ich glaube, auch diesen Satz so deu=
ten zu müssen, daß wir diese Herren gerade an dieser
Stelle im Auswärtigen Amte nicht wünschen. (Sehr
richtig!) Dr. David kann zum Beispiel ein sehr guter
preußischer Kultusminister sein, er ist eine sehr brauch=
bare Kraft (Zuruf: Als Pfarrer eignet er sich!), als
Lehrer auch und Herr Scheidemann hat sicher auch
seine bedeutenden Qualitäten; nur dürfen sie nicht gerade
an der Stelle stehen, — das ist ganz ausgeschlossen —
wo die Auswärtige Politik bestimmt wird.

Dieser Antrag ist nach Berlin gerichtet, und ich möchte
weiter nichts zu Ihnen sagen, als daß ich die Berliner
Vertreter dringend bitte, uns in dem Bemühen zu
unterstützen, im Sinne dieser Resolution zu wirken.
Schaffen Sie in Berlin eine aktionsfähige Regierung,
dann gibt es keinen Gegensatz zwischen Nord und Süd.

(Zurufe: Sehr richtig!) Ich fürchte mich gar nicht davor, daß sie uns vergewaltigen, daß sie uns zentralisieren wollen, schon aus dem einfachen Grunde fürchte
ich mich nicht davor, wie ich mich vor nichts fürchte,
weil es ihnen gar nicht gelingen würde, uns zu zentralisieren. Wir haben hier unsere eigenen Köpfe und ich
ganz besonders habe noch ganz persönlich meinen eigenen
Kopf. Zentralisieren lasse ich mich von niemand. (Heiterkeit und Bravo!) Gewiß, ich bin sterblich und bin
jedem Irrtum unterworfen; aber wenn ich mich irre,
habe ich wenigstens das eine gute Gewissen: Ich irre
mich aus meinem eigenen Kopf, und nicht, indem ich
nach links und rechts höre, was wohl gemeint werden
könnte zu meiner Politik.

Ich bitte die Berliner Vertreter in allem Ernste und
mit allem Nachdrucke, die entscheidende Bedeutung dieser
Stunden und Wochen zu erkennen und uns mitzuhelfen,
reinen Tisch in Berlin zu machen. (Sehr gut!) Dann
wird uns Berlin als Bruder und Freund und Mit-
kämpfer ohne jedes Mißtrauen willkommen sein. (Bravo!
Sehr richtig!) Die Glieder der Einzelstaaten sollen
jetzt lebendig arbeiten, jeder für sich und in diesem
Wettkampfe fruchtbarer Arbeit bildet sich neu die demokratische und sozialistische Einheit der Vereinigten Staaten von Deutschland. (Stürmischer, anhaltender Beifall!)

Rede

vor den bayerischen Soldatenräten am 30. November 1918, morgens 10 Uhr.

Ministerpräsident Eisner: Meine Herren! Wenn wir heute einen Zusammenbruch erlebt haben, wie ihn kaum jemals ein Volk bestehen muß, und wenn wir heute nicht am Ende dieses Zusammenbruches stehen, sondern vor Gefahren, die im Einzelnen darzustellen nicht notwendig ist, so fragen wir uns: Wer trägt die Schuld? Meine Herren! Die Schuld trägt letzten Endes der Mangel an politischem Sinn, der Mangel an politischer Durchdringung und Bildung der Nation. (Sehr richtig!) Das ist der letzte und wesentliche Grund. Wenn das deutsche Volk eine Demokratie gewesen wäre, wenn der deutsche Bürger den Mut besessen hätte, den draußen der Soldat gehabt hat, dann wäre der Krieg nicht über den September 1914 hinaus verlängert worden. Aber, meine Herren, man kann nicht über Nacht den politischen Sinn des Volkes aus dem Nichts hervorrufen, und so sehen wir denn heute, daß die bürgerliche verbrecherische Presse die Schuld hat an dem Kriege und der Verlängerung des Krieges, und daß auch heute noch in demselben Geiste der Verhetzung und des Verderbens gearbeitet wird. (Sehr richtig!) Meine Herren!

61

Hinter dieser Schandpresse steht nichts als der Wahnsinn der Gestürzten und das schlechte Gewissen der Schuldigen. (Sehr gut!) Wir, die wir mit Aufopferung unserer Persönlichkeit, mit Hingabe des Lebens im letzten Augenblick die Rettung des deutschen und hier des bayerischen Volkes versucht haben, nachdem uns dieses mit Hilfe der Soldaten und Arbeiter in so wunderbarer Weise gelungen war, wir erleben heute das Schicksal, daß die Kontre-Revolutionären, die am Boden lagen, heute sich wieder einzuschleichen suchen. Diejenigen, die nichts gewagt und nichts geopfert haben, versuchen heute als Revolutionsgewinnler wieder die alten Zustände herzustellen. (Sehr wahr!)

Ich werde nachher vor Ihnen die politische Lage darstellen. Zunächst aber möchte ich zu Ihnen, die Sie heute als Vertreter der Soldatenräte ganz Bayerns erschienen sind, ein Wort sagen über die innere Grundlage der neuen Demokratie. Sie wissen, daß diese Grundlage der neuen Demokratie nach unserer Auffassung die Arbeiter-, Soldaten- und Bauernräte sein sollen und bleiben sollen. Die ganzen Treibereien und Hetzereien der letzten Tage haben weiter keinen Zweck, als diese Grundlage zu zerstören (Sehr richtig!); als die Vollmachten der Herrschaft der Arbeiter-, Soldaten- und Bauernräte zu zerstören. Das geschieht in zweierlei Weise, von außen und von innen. Von außen: der Kampf gegen die aus den Volksmassen selbst herausgewachsene revolutionäre Organisation. Dieser Kampf von außen mani-

festiert sich in dem Schrei nach der Nationalversamm=
lung. In den letzten 3 Wochen sind durch mein Sprech=
zimmer in München die Vertreter aller wirtschaftlichen
und beruflichen Organisationen gegangen. Wir haben
mit allen verhandelt, wir haben ihnen die Grundsätze
der neuen Demokratie entwickelt, die im übrigen darin
gipfeln, daß wir nicht eine formale Wahldemokratie
schaffen wollen, eine Demokratie, die darin besteht,
daß alle 3 oder 5 Jahre ein Zettel in die Urne ge=
worfen und dann alles den Führern und Vertretern über=
lassen wird. Diese Demokratie ist ja das Gegenteil
einer Demokratie. Die neue Demokratie soll darin
bestehen, daß die Massen selbst unmittelbar ständig mit=
arbeiten an den Angelegenheiten der Gesamtheit. (Sehr
gut!) Wir haben das diesen Vertretern auseinanderge=
setzt und von den unzähligen Herren und Frauen, die
bei mir waren, die ungefähr 99% dieser Organisa=
tionen hinter sich haben, hat nicht eine einzige Person
den Schrei nach der Nationalversammlung ausgestoßen,
der so außerordentlich schrill und laut von der Presse
erhoben wird. (Hört!) Ich bewundere den Mut der
Presse, den Mut ihrer Nichtsnutzigkeit. Meine Herren!
Sie hätten keinen Journalisten als Ministerpräsidenten
hereinsetzen sollen, der kennt den Schwindel (Bravo!)
und weiß, wer dahinter steht und was bezweckt wird.
(Zuruf!) Nein, das schlechte Gewissen der Schuldigen
steckt dahinter. (Sehr richtig!) Diejenigen, die in der
Revolutionsnacht und am Revolutionsabend mit uns

Arm in Arm marschiert sind, die fürchten sich jetzt vor mir, weil ich dieses Verbrechernest in Berlin aus= räuchern will, und von diesem Verbrecherneste gehen diese ganzen Treibereien aus. (Hört!) Ich bewundere den Mut der Presse, daß sie es heute noch wagt, jenes elende Geschäft fortzusetzen, das sie 4½ Jahre getrieben hat, aber ich bewundere noch mehr die Massen, das Pu= blikum, das nun doch bis in das letzte Dorf hinein weiß, daß es 4½ Jahre von derselben Presse angeführt wurde und heute wieder gläubig auf dieselbe Schandwirtschaft hineinfällt, die sie bisher 4½ Jahre getragen hat. (Sehr richtig!) Ich weiß wohl, was ich zu erwarten habe, wenn ich gegen diese Pest von Presse losgehe. Ich habe keinen Pardon zu erwarten, denn dieses Gesindel wehrt sich seiner eigenen Haut. Ich bin schon im September 1914 in Berlin gewesen, ich habe an den Pressekonferen= zen teilgenommen und weiß, wie die öffentliche Mei= nung gemacht wird. Dort sitzen die Herrschaften zu= sammen und irgend ein Vertreter des Auswärtigen Amtes — so war es im Kriege — oder des Generalstabes sagt den Herren Journalisten, meine Herren, ich denke, wir werden morgen oder heute folgendes schreiben, und dann wird in der gesamten deutschen Presse dasselbe geschrieben. (Hört! Hört!) Das ist die öffentliche Meinung. So wird öffentliche Meinung gemacht, und so= lange ich hier stehe, bekämpfe ich diese Gesellschaften. (Lebhafter Beifall!) Die Presse kann in einer gewissen Hinsicht froh sein, daß ich durch die gegenwärtig auf=

reibende Tätigkeit verhindert bin, das große Buch fertig=
zustellen über die Schandtaten der Presse, das ich im
Gefängnis zur Vollendung bringen wollte, aber nicht
konnte, weil man mich vorzeitig entlassen hat. (Heiter=
keit!) Heute habe ich keine Zeit dazu. Heute halte
ich meinen Kopf hin gegen die Presse. Trotzdem bin
ich ein Mensch, der nach Grundsätzen handelt. Ich will
die Freiheit der Presse nicht antasten. Mögen sie auf
mich schimpfen, soviel sie wollen, das rührt mich nicht.
Mein ganzes Leben liegt offen vor aller Welt. (Sehr
richtig!) Ich habe nichts zu verbergen und nichts zu
verheimlichen und ich rühme mich nicht einmal der
Wunden, die ich im Kampfe um die Freiheit und die
Erlösung der Massen davongetragen habe. Ich tue
nur meine Pflicht und weiche niemandem, niemandem,
keinem offenen Feind und noch weniger den Intriganten
und Schleichern, die heute wieder aus der Tiefe auf=
tauchen, diejenigen, die uns verhindert haben, schon im
Januar dieses Jahres die Erhebung des Volkes vor=
zubereiten. (Sehr richtig!) Wir waren aber weit=
sichtiger, dieses kleine Häuflein, die wir gearbeitet haben
um jene verbrecherische Gesellschaft zu erledigen und
im Februar dieses Jahres den Weltfrieden herbeizuführen.
Damals aber wurden wir daran verhindert. Wir wur=
den in den Kerker eingesperrt, damals standen uns
6, 8, 10 Jahre Zuchthaus bevor, das heißt der geistige
Tod. Als wir dann aus dem Gefängnis herauskamen,
wir alle, die wir eingesperrt waren, was haben wir

getan? Wir haben am selben Tage den Kampf dort aufgenommen, wo wir ihn verlassen mußten, weil wir von einer Gesellschaft gewaltsam gehindert wurden, von Leuten, von denen man heute nicht weiß, in welchem Schlupfwinkel sie sich geflüchtet haben. (Zuruf: Sehr richtig!) Meine Herren! Ich werde nachher Ihnen die politische Lage darstellen, wie sie sich in Wahrheit darbietet. Ich bitte Sie nur um Eins, glauben Sie der Presse kein einziges Wort! (Zurufe: Bravo!) Nicht ein einziges!

Ich will für die Herren der Presse Eins hinzufügen: Es hieß gestern — heute las ich es wieder — daß meine Stellung erschüttert ist. Das kostet nichts weiter als die geringe geistige Anstrengung des Herrn, der diesen Satz ausspricht oder niederschreibt oder diktiert. Das ist die ganze Wahrheit, die dahinter steckt. Ich sprach gestern mit einem Vertreter der Münchner Neuesten Nachrichten am Abend. Ich schilderte ihm die Stimmung des Volkes und die Gefahr, die der Presse droht, wenn die Volksleidenschaften entfesselt werden. (Sehr gut!) Und kaum sagte ich dies, so bekam ich aus einem oberpfälzischen Ort ein Telegramm, das ich dem Herrn zeigte, ein Telegramm, das vollauf bestätigte, was ich gesagt habe. Dort hat der Arbeiter- und Soldatenrat, ergrimmt durch die Pressetreibereien, kurzen Prozeß gemacht und das dortige Blatt auf 3 Tage eingestellt. (Zurufe: Sehr gut!) Meine Herren! Sie rufen: Bravo! Ich muß

66

sagen, daß es mir im Innersten widerstrebt, diese Leute
so zu behandeln. Aber eine Grenze hat auch meine Ge=
duld und meine Überzeugung, daß nur in vollkommener
Freiheit die neue Freiheit reift, nämlich die Grenze,
daß man uns nicht verhindern soll, zum Frieden zu
kommen. (Rufe: Sehr richtig!) Meine Herren! Ge=
stern hat der Ministerrat einstimmig beschlossen, daß
die Presse dringend gewarnt wird vor jeden Schwindel=
nachrichten, die jetzt noch gegen die Entente aufreizen,
vor jenen Tartarennachrichten von Truppenverschiebungen
an die deutsche Grenze und dergleichen. Es ist der
Wunsch ausgesprochen worden, daß die Presse — ein
einstimmiger Beschluß des Ministerrats — künftig bei
solchen Meldungen, die gemeingefährlich sind, wenig=
stens den Anstand besitzt, die Quelle anzugeben (Zu=
rufe: Bravo!), woher sie diese Nachrichten bezieht. Meine
Herren, ich weiß nicht, ob ich mich irre. Ich bin in
einer glücklicheren Lage als Sie. Ich lese seit 3 Wo=
chen keine Blätter mehr. Sie werden mir ab und zu
gezeigt. Ich habe keine Zeit dazu. Dieser Preßalko=
holismus, der benebelt nur die Leute, die unglücklichen
Menschen, die diese Presse lesen und ich bin in der glück=
lichen Lage, keine Zeitung zu halten; aber, wenn ich
recht unterrichtet bin, soll dieser einstimmige Beschluß
des Ministerrates in keinem Blatte mitgeteilt worden
sein. Hoffentlich steht das in den Abendblättern, die
glauben, daß ich im Ministerrat isoliert bin und auf
eigene Faust Politik treibe, haben ja da die beste Ge=

legenheit zu erkennen (Zuruf!), ob der Ministerrat mich desavouiert. Meine Herren! Wir sind in allen Dingen bisher einig gewesen, nur ist es ganz klar, daß diejenigen Herren im Ministerrate, die Gegner der Revolution waren, die während des Krieges eine andere Kriegs= politik getrieben haben als wir, sich noch heute nicht recht in den neuen Geist hineinfinden können. Aber trotzdem, ich erhebe keinen Vorurf. Meine Herren! Ich halte unter den heutigen Umständen die Wahrheit für das einzige Mittel der Besserung und deswegen habe ich gar keine Geheimnisse zu verbergen. Ich sage das, wie es ist und ich sage das, wie ich mir die Dinge denke.

Meine Herren! Ich habe mich während des Krieges nicht geirrt und ich weiß, der ich ein Spezialstudium aus dem Kriege gemacht habe, daß ich mich auch heute nicht irre. Diese Gefahr ist die eine, die den Arbeiter=, Soldaten= und Bauernräten droht, daß sie in= nerlich verwirrt werden, daß der Versuch gemacht wird, zu der Herstellung des bisher üblichen Parlamentaris= mus, an dem das Volk keinen weiteren Anteil hat, als daß es Zuschauer bleibt, ohnmächtiger Zuschauer. Diese Wiederherstellung des Parlamentarismus im alten Stile bedeutet die Ausschaltung der Organisationen der Arbeiter=, Soldaten= und Bauernräte. Das versuche ich zu verhindern, soweit ich die Kraft dazu habe und solange ich sie habe.

Dann aber, meine Herren, droht den Arbeiter=, Sol=

daten= und Bauernräten auch eine Gefahr von innen, aus ihren eigenen Körperschaften heraus. Nachdem gewisse Elemente, unlautere und kontre=revolutionäre Elemente gesehen haben, daß diese neuen Organisationen lebendig sind und wachsen, versuchen sie selbst, sich dieser Organisationen zu bemächtigen. (Rufe: Sehr richtig!) Seien Sie vorsichtig, schauen Sie sich die Leute an, mit denen Sie zusammen arbeiten. Es kommen allerlei merkwürdige neue Gesichter. Als ich neulich im Vollzugsausschusse des Arbeiter= und Soldatenrats in Berlin sprach, war ich ganz erstaunt, daß in diesem ausführenden Organ einer 3 Millionen=Stadt Leute das Wort führten, die vor kurzer Zeit noch in einem ganz anderen Lager standen. (Hört! Hört!) Ich habe selbst erlebt, daß an der Spitze von Arbeiterräten Unternehmer erschienen (Lachen!), Unternehmer schlechtesten Rufes. (Hört! Hört!) Das ist die andere Gefahr, die den . . . (Zuruf!) Namen kann ich gleich sagen. Es erschien aus der Pfalz neulich der bekannte ehemalige Landtagsab= geordnete Abresch (Hört! Hört!), einer der interessan= testen . . . . . der Pfalz. Mit diesem Herrn und dem von ihm geführten Arbeiterrat haben wir in der Regie= rung 2 Tage lang uns unterhalten zugunsten der Pfalz und gerade ich war es, der durchgesetzt hat, daß zu= gunsten der Pfalz die weitestgehende Hilfeleistung organi= siert wurde. Dieser Herr Abresch schied mit Dankes= worten von uns. Unmittelbar darauf hat er durch seine Presse in der Pfalz mitteilen lassen, — auch so ein inte=

reſſantes Sittenbild aus der gegenwärtigen Preßmache
— daß er von uns in München — nicht nur von mir,
er war auch bei anderen Miniſtern — unter dem Eindrucke geſchieden wäre, daß wir im rechtsrheiniſchen
Bayern bereits die Pfalz aufgäben. (Hört! Hört!)
Ja, meine Herren, warum denn das! Weil die Bourgeoiſie in der Pfalz bereits ſich anſchickt, zu Frankreich
überzugehen. (Sehr richtig!) (Widerſpruch) Es wird
geſagt: Es iſt nicht wahr! Ich habe die amtlichen
Berichte über dieſe Tätigkeit der Pfälzer Kreiſe, die
bezirksamtlichen Berichte. (Zuruf!) Ich weiß nicht,
ob Sie zu der Bourgeoiſie in der Pfalz gehören. Ich
denke, Sie ſind Soldat! (Zuruf!) Ich berufe mich
da auf amtliche Berichte, nicht der revolutionären Regierung, ſondern der bisherigen Regierung, auf perſön-
liche Rückſprache mit Vertretern der Pfalz. Die Herren
der kapitaliſtiſchen Bourgeoiſie in der Pfalz ſagen:
Deutſchland iſt wirtſchaftlich ein niedergehendes Land,
dort drüben bei der Entente werden wir einen wirt-
ſchaftlichen Aufſchwung erleben; alſo richten wir uns nach
dem Geſchäfte. Und wir, die wir geſtern noch alldeutſch
und annexioniſtiſch begeiſtert waren, fangen heute an,
uns auf die neuen Verhältniſſe einzurichten. Nicht die
Franzoſen wollen die Pfalz haben, aber gewiſſe Pfälzer
Kreiſe wollen Frankreich haben (Rufe: Pfui!); und
weil man das nicht direkt ſagen will, deswegen lügen
die Herren, daß ſie von München mit dem Eindrucke
weggegangen ſind, daß wir auf die Pfalz bereits ver-

zichten. (Zuruf!) Wir verzichten nicht auf die Pfalz, unter keinen Umständen, weil gerade die Pfälzer geistig, seelisch und im Temperament den Wein in der bayerischen Bevölkerung darstellen. (Beifall!) Wir verzichten auf die Bourgeoisie, aber wir verzichten nicht auf die Pfalz. (Rufe: Sehr richtig!) Meine Herren! An diesem einzigen Beispiel habe ich Ihnen gezeigt, wie gefährlich Ihre eigene Lage ist. Herr Abresch war der Führer des Arbeiterrates in der Pfalz. Wir müssen das tiefste Mißtrauen haben, namentlich gegen diejenigen, die gestern noch gegen die Revolution waren, die gestern noch entweder in einem Lager standen, das uns vielleicht nahe ist, aber in dem doch eine ganz andere Politik betrieben wurde, als von uns, der Opposition, und vor allen Dingen müssen wir uns vor denen hüten, die die Konjunktur ausnützen und sich der Arbeiter= und Soldatenräte bemächtigen wollen. Wir hören ja auch schon, daß auch Zentrumsleute an der Spitze solcher Organisationen in Altbayern stehen. (Hört! Hört!) Die Gefahr ist deswegen sehr groß, weil eben die politische Schulung des deutschen Volkes so außerordentlich gering ist und die Gefahr ist weit größer, weil alle die gestürzten Elemente von gestern im wahrsten Sinne des Wortes um ihre Existenz zittern. (Rufe: Sehr richtig!) Und in dieser Existenzangst suchen sie sich auf alle Weise wieder aus dem Abgrund hervor, ich möchte sagen, herauszuschleichen, hervorzudrängen, an den neuen Organisationen emporzuklettern. Diese neuen revo=

71

lutionären Organisationen sollen die Leiter sein. Die
sollen Leitern sein, an denen die Gestürzten wieder zum
Lichte der Sonne emporsteigen.

Und dann die Gerüchte. Die Gerüchte, die von
Mund zu Mund gehen und geglaubt werden. Eine
Wahrheit erfordert heute vielleicht 10 Jahre, um sich
durchzusetzen (Sehr richtig!), ein Schwindel geht
in 5 Minuten durch die ganze Welt und wird geglaubt. (Sehr gut!) Das ist eine Form der Geistes-
krankheit, die durch die Erschöpfung des Krieges heute
auf den Massen ruht. Ich will Ihnen ein Experiment
vorschlagen. Ich selbst will jeden Tag 10 blödsinnige
Gerüchte in die Welt setzen und ich bin überzeugt, daß
diese 10 blödsinnigen Gerüchte, die ich selbst fabriziere,
mehr Glauben in den Massen finden, als das Ver-
nünftigste, was ich tue. (Sehr richtig!) Wir können
vielleicht das Experiment sehr bald machen. (Heiterkeit!) Mir wird eben eine Telephonnachricht zugestellt:
In Illingen und Donauwörth werden Gerüchte verbreitet, daß das Leibregiment in München die Regierung gestürzt hätte. (Heiterkeit!) Seitdem ich das sehr
zweifelhafte Vergnügen habe, durch das Schicksal auf
den Sessel des Ministerpräsidenten geschickt worden zu
sein, werde ich Tag für Tag ermordet. (Heiterkeit!)
und derjenige, der hier vor Ihnen steht, ist schon längst
ein zwanzigfacher Leichnam. (Heiterkeit!) Das Auswärtige Amt wird jeden Tag gestürmt, Versammlungen
werden abgehalten, in denen die Kontre-Revolution von

72

links oder rechts mobilisiert wird. Ich habe schon des öfteren gedacht, für einen armen einzelnen Menschen ist es wirklich ein Trost, daß er nur einmal gemordet werden kann. (Heiterkeit!) Sein Leichnam wird dann, wenn er noch Gefühl haben sollte, froh sein, daß er seine Ruhe hat. Aber solange ich lebendig bin, lasse ich an dem Werke, an dem ich all die Jahre gearbeitet, mitgeholfen habe, nicht tasten, weder durch den Wahnsinn von heute noch durch das Verbrechen von gestern. (Stürmischer Beifall.) Wir haben gestern im Ministerrat beschlossen, allen diesen Gerüchten nachzugehen, all den Nachrichten in der Presse nachzuforschen. (Bravo!)

Ich sage schon, ich persönlich bin entschlossen, was den Nachrichtendienst betrifft, dann auch zuzugreifen, wenn diese Treibereien weiter um sich greifen sollten.

Meine Herren! Warum nun das alles? In den ersten acht, zehn Tagen hatte die neue Regierung und namentlich meine Person eine sehr günstige Presse. Das war mir sehr unangenehm und ich hätte mich nicht gewundert, wenn die Massen mißtrauend geworden wären. Na, da ist wieder einer in die Regierung gekommen, und der machts genau so wie die anderen, vergißt seine Vergangenheit, seine revolutionäre Überzeugung und versucht, sich dort nur in Behaglichkeit und Ruhe seines Lebens zu erfreuen. Ich glaube, solche Stimmung war in den Massen vorhanden. (Sehr richtig!)

Zum Glück schimpft die Presse wieder und nun bin ich ganz ruhig. Jetzt weiß ich, daß mich diese Presse

73

nicht stört in dem Vertrauen der Massen. Ich bin bereit, jeden Tag an die Massen zu appellieren und ich zweifle nicht im geringsten, ob sie dem Vertrauen schenkt, der all die Jahre lang die Friedenspolitik richtig beurteilt hat, jeden Punkt richtig beurteilt hat, der, als er in dem Augenblick, da er das Verhängnis dieser deutschen Kriegspolitik durchschaute, entschlossen war, unter den ungeheuer schwierigen Zuständen der Sklaverei der letzten Jahre, der Diktatur der Generalkommandos, trotzdem sich durchzusetzen. Ich zweifle nicht im geringsten daran, wem das Vertrauen zufallen wird. Wer hetzt, wer offen hetzt — offen wird ja gar nicht gehetzt — sondern wer hinter den Kulissen intrigiert, den werden wir hervorziehen, der soll dann Aug in Aug sagen, was er will. Diese ganz erbärmliche Politik der Intrigen, der Lügen, der Treibereien im Dunkeln, die wollen wir beseitigen. Wer immer Anklagen erhebt, der soll den Mut haben, offen es zu tun. (Bravo! Sehr richtig!) Wer Organisationen zu beeinflussen sucht, der soll das im vollsten Lichte der Wahrheit, der Sonne tun, aber er soll nicht nach alter Methode jene Politik treiben, die Deutschland ins Verderben gestürzt hat.

So, wie man im Juli 1914 den Krieg zusammenbraute, so denkt man auch heute daran, die Kontrerevolution zu organisieren, nicht mit Soldaten- und Maschinengewehren, sondern durch innere Aushöhlung, durch die Aussaat von Mißtrauen. Diejenigen, die feige im Hintergrund standen, die nichts erwartet haben,

74

die vorsichtig und schleichend ihrem eigenen Vorteile nachgingen, die sind heute wieder daran, hinter den Kulissen die alten Zustände wieder einzuführen. (Sehr richtig!) Und nun will ich versuchen, Ihnen die Hinter= gründe der gegenwärtigen Politik in kurzen Umrissen darzustellen.

Meine Politik und die Politik meiner Kollegen in der gegenwärtigen Regierung hat sich bis zu dem Augen= blick allgemeiner Zustimmung mit Ausnahme des Zen= trums erfreut, bis den Herren klar wurde, daß wir nicht daran denken, im bisherigen Gleise fortzufahren. In dem Augenblick, als man erkannte, daß wir uns nicht täuschen lassen, daß wir uns nicht dupieren lassen, da schlug der Wind um. Ich ging in der vorigen Woche als Vertreter der Regierung nach Berlin, Sie wissen ja, mit meiner Tochter, im königlichen Salonwagen. (Zuruf.) Oh, ich habe noch viel mehr auf dem Gewissen. Es ist mir heute von unserem Vorsitzen= den mitgeteilt worden — wie viele Millionen habe ich unterschlagen? (Vorsitzender: Zwei Millionen.) Zwei Millionen, soviel Zahlungsmittel gibt es in Mün= chen gegenwärtig gar nicht. Ich bin auch auf die Bank gegangen in der Revolutionsnacht, und mit einem Rucksack bewaffnet, habe ich die Schätze dieser Bank geleert. Ich freue mich darüber, daß die Herrschaften so wenig Phantasie haben und alle ihre eigenen Sünden und ihre eigene Politik nun auf mich übertragen. (Sehr gut!)

In Berlin bot sich mir ein überraschendes Schauspiel, etwas, was ich nicht für möglich gehalten habe, daß nun der ganze alte Regierungsapparat noch funktioniert (Hört! Hört!), vollständig unangetastet. Dieser Regierungsapparat wird dargestellt durch die Herren des Auswärtigen Amtes. Ich bin gewöhnt, schnelle Entschlüsse zu fassen, wenn es mir notwendig erscheint. Zu diesem Zwecke veröffentlichte ich aus den Geheimakten der bayerischen Gesandtschaft jenes Dokument, das nun dem Blödesten beweist, wem wir den Krieg verdanken. Zu dem Unsinn, der da durch die Presse läuft, gehört ja auch, daß wir damit der Entente irgend etwas Neues gesagt haben. Die Entente weiß das seit dem Juli 1914. (Sehr richtig!)

Denen brauchen wir keine Enthüllungen zu machen. Wir werden nächstens — die Grenzen sind ja jetzt geöffnet — dieses gesamte Anklagematerial, das in den neutralen Ländern seit 1914 in Hunderttausenden und Millionen von Exemplaren verbreitet ist, jene urkundlichen Nachweise über die deutsche Schuld in Deutschland haben. Das ist ja alles verboten worden, wie mir zum Beispiel meine Schriftstellerei verboten wurde, von einzelnen Generalkommandos, nicht diejenige, die bloß schon da war, sondern auch alles das, was ich schreiben würde, ist mir ja verboten worden. So viel Vertrauen hatte man zur Macht der Wahrheit. Die Entente braucht nicht aufgeklärt zu werden, aber das deutsche Volk muß endlich wissen, wem es diese 4½

Jahre, wem es diesen Zusammenbruch verdankt. Im Auswärtigen Amte herrschte bleicher Schrecken wegen dieser Veröffentlichungen. (Zuruf: Bei wem?) Bei allen. Im Auswärtigen Amte sitzen eben noch alle alten Herren des alten Regimes. (Zuruf: Und in München!) Sie haben die Verbindung mit der gesamten Presse in Deutschland und im neutralen Auslande. Die Pressekonferenzen, jene Herde der Korruption und der Verblödung Deutschlands, blühen noch munter weiter. (Hört! Hört!) Dort wird noch öffentliche Meinung gemacht.

In dieser Sitzung der Vertreter der deutschen Republik forderte ich unter allgemeiner Zustimmung ohne Widerspruch, daß die durch jene Veröffentlichung nun bloßgestellten Männer, wie Zimmermann und Herr von Jagow, sofort verhaftet würden. (Bravo!)

Seitdem gehen die Pressetreibereien gegen mich los. Ich nehme es ihnen gar nicht übel, die Leute wünschen lieber, daß ich untergehe als sie, das ist Selbsterhaltungstrieb. Aber ich bin ganz sicher, es handelt sich nur noch um eine Gnadenfrist für jene Elemente. Wenn das Berliner Volk erwacht, dann weh ihnen! Nun liegen die Dinge in Berlin so: Dieses arme Berliner Volk ist durch die Arbeit der Kriegsjahre, durch die Lebensmittelnot und die schlechte Ernährung so erschöpft, von den breiten Massen bis zu den Führern hinauf, daß ihnen jene Entschlußkraft fehlt, die hier noch in Bayern lebt, weil hier die Verhältnisse nicht ganz so ungünstig sind. Es ist im besten Sinne des Wortes eine physische Er=

schöpfung dort im Norden eingetreten und alles, was
wir bedauern, daß es dort so ist, ist wesentlich auf
diese körperliche Entkräftung zurückzuführen.

Das Auswärtige Amt in Berlin unterhält noch die
Beziehungen zu seinen Agenten im Haag, in der Schweiz,
in Kopenhagen. Von dort aus werden noch die Fäden
der deutschen Presse gesponnen. Sie, die keine Berufs-
politiker sind, wissen, daß immer eine der grauen-
haftesten Erscheinungen in der Bearbeitung der öffentlichen Meinung schon vor dem Kriege in Deutschland
war, daß in der auswärtigen Politik überhaupt keine
Selbständigkeit der Presse existierte, sondern daß die
gesamte Presse das schrieb, was von Berlin aus diktiert wurde. Nur so wurde die Überraschung vom 1.
und 4. August möglich. Dieser ganze Apparat funktioniert heute noch. Die „Münchner Post" brachte neulich aus der Feder eines Schweizers die Mitteilung,
daß in Bern, in der dortigen deutschen Gesandtschaft
noch 1200 Presseagenten ihre Tätigkeit ausüben (Hört!),
Presseagenten des alten Systems. Auch diese Herren
fürchten sich, brotlos zu werden und machen sich heute
noch nützlich, indem sie all die Tartarennachrichten fa-
brizieren, die heute durch die Presse laufen.

Ich habe den Herren des alten Systems gesagt, Ihr
seid ohnmächtig, Frieden zu schließen, Waffenstillstands-
verhandlungen zu führen. Herr Erzberger, derselbe Herr
Erzberger, der vor dem Kriege aufgefordert hat, unmittelbar in den kriegerischen Tagen, daß sozialistische

78

Proteſtler gegen den Krieg, ich weiß nicht, erſchoſſen oder lebenslänglich in das Zuchthaus eingeſperrt werden ſollen (Hört!), der dann alldeutſch war, der dann, als er merkte, daß das alldeutſche Geſchäft brüchig wird, mit großer Be= hendigkeit ſeinen Übergang in jenes Lager vollzog, wo der ſogenannte Verſtändigungsfriede gepredigt wurde, Herr Erzberger regiert heute noch die öffentliche Mei= nung in Deutſchland. Ich habe ihm geſagt — ich hatte das Glück, ſo nahe am Tiſche Herrn Erzberger gegen= über zu ſitzen, wie ich heute meinem Kollegen Roß= haupter gegenüberſitze — Aug in Auge: Herr Erz= berger — er beklagte ſich darüber, daß General Foch nicht mit ihm verhandle —, wie können Sie, der die ganze Weltkorruption organiſiert hat, der mit unge= zählten Millionen ſich die Journaliſten des In= und Auslandes gegen die Entente gekauft hat, den Mut haben, verhandeln zu wollen (Hört!), über Waffen= ſtillſtand und Frieden verhandeln zu wollen. Dar= auf verſuchte er abzuleugnen. Ich habe auch im Jahre 1912 bei der Wahlbewegung im Auftrage des damaligen Landesſekretärs der Partei, des Herrn Auer, eine Broſchüre geſchrieben, die hieß: Der Erzlügenberger. Das war damals ſchon Herr Erzberger und das iſt er geblieben und als er verſuchte, ſich herauszuſchwindeln, da machte ich die Bemerkung: Herr Erzberger! Ich beſitze die bayeriſchen Akten und in dieſen Akten finden ſich auch einige intereſſante Mitteilungen über Sie. Da ſenkte er ſeinen Kopf, wurde rot und ſchwieg. (Hört!)

Ich appelliere an Sie: Können wir erwarten, daß solche Männer bei der Entente Vertrauen finden? Es ist ja eine Verwegenheit, ein Irrsinn, solche Leute in das feindliche Lager zu schicken. Stellen Sie sich nur vor, es wäre umgekehrt, würden wir mit solchen Leuten verhandeln? Nun haben wir ja allerdings in Berlin auch eine revolutionäre Regierung, aber diese hat nichts zu sagen. Im Auswärtigen Amt sitzt Karl Kautsky, ein Mann, der in der Internationale, in der ganzen Welt, in den Arbeitermassen das größte Vertrauen genießt. Aber Herr Solf, der Chef des Auswärtigen Amtes, erläßt seine Entschließungen, seine Proteste und Kundgebungen ohne Karl Kautsky, den Beauftragten der Revolution, dem Vertrauensmanne der Sozialdemokratie, davon Mitteilung zu machen. (Hört!)

Karl Kautsky hat sich öffentlich darüber beschwert, aber die Beschwerde nützt nichts. Es nützt nur Beseitigung, Ausräucherung des Auswärtigen Amtes. (Sehr richtig!)

Solange dieses Auswärtige Amt noch nicht ausgeräuchert ist, solange werden die Pressetreibereien weitergehen. Die Herren kämpfen nicht nur um ihr Amt, sondern sie fürchten jetzt für ihre Freiheit und ihr Leben. Wehe, an dem Tage, an dem in Deutschland ein Staatsgerichtshof eingesetzt wird, der über die Schuldigen das Urteil spricht. Dann werden wir manche Überraschungen erleben.

Ich sage, die Herren, die um ihr nacktes Leben kämpfen, die gehen nicht freiwillig und so müssen sie gezwungen werden. Ich habe Ihnen ein Sittenbild aus der gegenwärtigen Politik gezeichnet, Sie selbst werden, auch wenn Sie nicht politisch geschult sind, sagen: Das ist doch wirklich unmöglich, daß die Herren, die die ganze bisherige Kriegspolitik geführt haben, und verantwortlich sind für ihren Zusammenbruch, gegenwärtig noch die Politik leiten. (Gandorfer: Sehr richtig!)

Das ist doch ein unmöglicher Zustand, und wenn sie nicht ein so schlechtes Gewissen hätten, wenn sie nicht fürchten müßten, daß an dem Tage, an dem im Auswärtigen Amt in Berlin ein neuer Geist einzieht, die Schuldigen massenhaft entlarvt werden (Sehr richtig!), wenn die Korruptionsmillionen des Auswärtigen Amts nicht mehr zur Verfügung stehen (Zuruf: Krupps Millionen!), dann beginnt die neue Zeit, dann sinken in dieser neuen Zeit die Gespenster der Vergangenheit in nichts zusammen.

Meine Herren! Es ist sehr schwer, solch einen Kampf als Einzelner zu führen; aber haben Sie noch Geduld, ein paar Wochen vielleicht, dann haben wir gesiegt, dann ist die Revolution nicht nur gesichert, sondern dann haben wir auch Frieden. (Gandorfer: Bravo!) Schenken Sie in diesem Fall meinen Worten Vertrauen. (Zuruf: Beweise!) Das werde ich Ihnen noch, soweit das möglich ist, sagen. Es wird „Beweise" gerufen, was ist das für eine Forderung? Ich kann nicht beweisen, was die Zukunft bringt, ich kann nur beweisen, was die Vergangenheit gebracht hat. (Sehr

richtig!) Die Beweise zu führen, bin ich vor jedem
Gerichtshofe, vor jeder Instanz der Welt bereit. (Sehr
gut!) Zwei Tage vor der Revolution, als die Massen
aus einer Wahlversammlung in München nächtlich auf
die Theresienwiese geströmt waren und diese tausend
Ungeduldigen nach einer Tat verlangten und darauf
drängten, noch in jener Nacht nach München zu ziehen
und dort die Revolution zu entfesseln, rief ich Ihnen
zu: Wartet noch! Ich verbürge meinen Kopf, daß in
48 Stunden München aufsteht. Dieses Versprechen
habe ich auf die Stunde genau eingelöst (Bravo!), mit
der Uhr in der Hand beinahe. Wenn man am selben
Vormittage, an dem nur ein paar Arbeiter und Sol=
daten ins Vertrauen gezogen waren, wenn ich da den
Leuten das gesagt hätte, daß in wenig Stunden die
achthundertjährige Wittelsbacher Herrschaft für immer
erledigt sei, eine bayerische Republik ausgerufen werde,
sie hätten mich sofort ins Irrenhaus sperren lassen.
(Sehr gut!) Aber diese selben Herren, die an nichts
geglaubt hatten, die wir während des ganzen Krieges
im Kampf um die Freiheit und die Ideale im Rücken
hatten, dieselben Herren beanspruchen noch heute, nach=
dem wir gesiegt haben, daß ihr Wort nun gilt, daß
ihre Interessen nach wie vor vertreten werden. (Sehr
richtig!) (Zuruf: Bischof von Eichstätt!) Meine Herren!
Nun frage ich, — das geben Sie mir zu, ohne jede
Ausnahme, das weiß ich: Nach der Revolution dürfen
nicht die Männer des alten Systems mehr regieren,
82

sonst werden wir die Revolution wieder rückgängig machen —: Wollen wir Wilhelm II., Rupprecht und Ludwig III. wieder herrufen? Was ist nun der einzige Grund, den man anführt, warum die Herren des Auswärtigen Amts noch weiter im Amte sind und weiter ihre unheilvolle Tätigkeit ausüben? Der Grund, den die Mehrheitssozialisten in der Regierung angeben, ist, daß man auf ihre Tätigkeit nicht verzichten kann, weil sie die fachmännischen Kenntnisse haben, die den neuen Herren abgehen. (Heiterkeit.) Ich kenne nun auch jetzt die Diplomaten, nicht von außen wie früher, sondern ich kenne sie von innen. Meine Herren! Ich bin bereit, aus jedem von Ihnen einen Staatssekretär des Auswärtigen Amtes zu machen und in 24 Stunden erledigt er diese Geschäfte, die rein technischen Geschäfte besser als die Vorgänger. (Zustimmung und Widerspruch.) Es scheinen einige der Herren, die hier sind, noch sehr abergläubische und sehr mystische Vorstellungen (Zuruf: Rückständige!) zu haben, von den Leistungen, die dort vollbracht worden sind. (Sehr richtig!) Die Diplomaten, die uns den Weltkrieg herbeigeführt haben, die können wir alle Tage haben; dazu gehört gar nichts; aber aus dem Weltkriege herauszukommen, das erfordert Mut, Geist, Wissen, Entschlossenheit. (Bravo!) Die Diplomatie ist in Deutschland eine Sinekure für Leute gewesen, die möglichst wenig arbeiten wollten. (Sehr richtig!) Und wenn nichts herauskommt aus dieser

6*

revolutionären Ära, durch die wir gehen, das haben
wir nun schon gesehen, das haben wir gelernt und das
können wir beweisen. Ein einziges Beispiel: Dieser
Herr Solf, der gewissen Leuten unentbehrlich scheint,
um die Auswärtige Politik zu leiten, weil er ein
Fachmann ist, dieser Herr Solf will günstigere Be-
dingungen von der Entente erhalten und er richtet
sich mit seinem Gesuche nicht an die Völker, nicht
an die Regierungen der Entente, sondern nur an den
Präsidenten Wilson, das heißt, in dem Augenblicke,
wo er auf die Freundschaft, auf das Entgegenkommen
der bisher feindlichen Mächte angewiesen ist, beleidigt
er alle Mächte, indem er sein Vertrauen nur auf einen
Mann setzt. (Sehr wahr!) Ich habe ihm auch Aug in
Aug das gesagt, und er wußte nicht einmal die schüch-
ternste Entgegnung auf diesen Vorhalt von mir zu
antworten. (Hört! Hört!) Ich sagte: Ich bin kein
Diplomat, ich werde nie einer sein und ich will nie
einer sein, aber so unfähig bin ich doch nicht, daß
ich in einer solchen Situation die Empfindlichkeiten
meiner Gegner in dieser stumpfsinnigen Weise reizen
will. (Bravo!) Das ist der Mann, auf dessen Fähigkeiten wir nicht verzichten können. Als Herr Solf
sein Referat erstattete, da herrschte allgemeines Er-
staunen im Kongreßsaal des Reichskanzlerpalais in
Berlin. Das hätte er vor vier Jahren auch erstatten
können. Ein zusammengelesenes Zeitungsstimmungsbild
bildete den Inhalt der Schilderung über die Lage.

Die Herren haben den Krieg gemacht. Die Herren sind schuldig an der Weiterführung des Krieges. Die Herren haben sich die ganze Zeit den Diktaten des größenwahnsinnigen Militarismus gefügt. Auf diesen Herren lastet die Blutschuld der ganzen Jahre (Sehr richtig!), gleichgültig, ob es sich um Annexionisten handelt oder um sogenannte Verständigungspolitiker, denn sie saßen alle auf demselben Boden. Sie haben alle die gleiche Politik getrieben, nur über das Maß ihrer Ansprüche herrschte Zweifel und Meinungsverschiedenheit, und nun befindet sich Deutschland in der Lage, daß, wenn wir nicht zum Frieden kommen, wir zugrunde gehen müssen. (Sehr richtig!) Nun appelliere ich, an Ihren gesunden Menschenverstand, wie immer Sie denken mögen über die Politik und über den Charakter der feindlichen Regierungen. Eines werden Sie mir zugeben müssen, wir haben nur noch einen Weg der Rettung, daß wir uns mit ihnen so rasch wie möglich verständigen. (Sehr richtig!) Das Weitere werden Sie mir zugeben müssen — ich rede noch gar nicht von meiner persönlichen Auffassung über die Entente und ihre Politik — sie mag so schlimm sein, so verdächtig sein wie irgend möglich, aber darüber müssen wir uns klar sein, daß rein menschliche Führer der Entente und die Völker nicht verhandeln wollen mit den Männern, die mit der Vergangenheit belastet sind. Das ist ausgeschlossen. Das sind die Forderungen, die die Entente erhebt.

(Zuruf: Was sind das alles für Männer?) Alle Leute, die im Auswärtigen Amt gegenwärtig sitzen mit Ausnahme der Vertreter der Sozialdemokratie, alle Diplomaten, die gesamten Unterhändler dieser Herren, ob sie in der Waffenstillstandskommission sitzen oder wo anders. (Zuruf: Wie hängt das mit Scheidemann und David zusammen?) Ja, Scheidemann, ich habe schon gesagt, ich habe vorgestern schon gesagt, Herr Scheidemann hat seine größten Vorzüge und er ist an jedem anderen Platz der geeignete Mann. Er darf aber nicht an der hervorragenden Stelle sitzen, die berufen ist, die Friedensverhandlungen zu führen. (Sehr richtig!) Und Dr. David, der jetzt im Auswärtigen Amt sitzt, wäre ein ausgezeichneter Kultusminister in Preußen, und ich bin der letzte, seine persönlichen Fähigkeiten zu vermindern, ich will auch nicht seinen Charakter verdächtigen, aber er ist geradezu der schwarze Mann bei der Entente. (Sehr richtig!) Von ihm stammen alle diese Publikationen, diese Regierungspublikationen, die die Unschuld Deutschlands bewiesen haben, und das ist es, was die Entente aufs Blut erbittert. Stellen Sie sich doch einmal vor, in welcher Lage namentlich Frankreich ist. (Sehr richtig!) Das Land verwüstet durch die Methoden der deutschen Kriegsführung, die bis in die letzten Augenblicke nach meinen Nachrichten weitergeführt worden sind, im Innersten erregt. Ja, meine Herren, und da sollen Sie verhandeln mit Männern, die das überfallene Volk

86

noch verdächtigen, daß es der Schuldige gewesen ist.
(Sehr gut!) Ich glaube, man braucht nur 5 Gramm
Hirn zu haben, um zu erkennen, welch frevelhaftes
Spiel mit der Zukunft des deutschen Volkes getrieben
wird, wenn deutsche Männer weiter an der Stelle sitzen,
wo sie das größte Unheil anrichten können. (Zuruf!)
Ja, die an der Front waren und in den Kasernen, die
können natürlich das nicht wissen, das begreife ich voll=
kommen. Aber das kleine Häuflein, das während des
Krieges sich mit aller Todesverachtung gegen diesen
allgemeinen deutschen Wahnsinn stellte, wir wissen es.
Das gesamte neutrale Ausland weiß es, alle Welt weiß
es, alles ist gefälscht. (Zuruf!) Ja, wir haben keinen
Einfluß auf das Ausland, aber wir haben Einfluß auf
das Inland. (Lebhafter Beifall!) Wenn einmal das
gesamte Aktenmaterial veröffentlicht wird, und die Pu=
blikationen im neutralen Ausland erschienen sind, dann
glaube ich, überlebt diesen Tag keiner. Dann werden alle
Journalisten, alle Professoren und alle Agenten von
Krupp=Bohlen, der für diese Aussaat der Lüge Millionen
ausgegeben hat, zur Verantwortung gezogen werden.
(Lebhafter Beifall!) Ich nehme es keinem übel, der
viereinhalb Jahre hindurch die Kölner Volkszeitung,
die Münchner Neuesten Nachrichten, die Münchner
Zeitung oder selbst das Berliner Tagblatt gelesen hat,
wem ihm wirr im Kopfe ist. (Sehr richtig!) Aber
die Tatsache steht fest, daß unter der Zensur meine
Schriften — sie werden demnächst im Buchhandel er=

scheinen —, die ich während des Krieges geschrieben
habe, seit dem Herbst 1914 nicht erscheinen konnten.
Doch ich will nicht immer Polemik treiben. Sie mögen
über die Entente denken, was Sie wollen. Sie mögen
sie für mitschuldig halten, genau so wie ich sie für nicht-
schuldig halte, nicht einmal für mitschuldig. Wie gesagt, Sie mögen denken, wie Sie wollen, jedenfalls
müssen Sie zugeben, ohne die Entente können wir jetzt
nicht weiterleben. (Sehr richtig!) Darum müssen wir
neue Wege suchen, das ist meine auswärtige Politik,
die ich mit aller Kraft und Rücksichtslosigkeit durch-
setzen werde und die ich erst dann aufgeben werde,
wenn sie gescheitert ist, was ich aber nicht annehme oder
erwarte. Was wir brauchen, ist folgendes: Wir brauchen
eine revolutionäre Regierung in Berlin, eine tatkräftige
Regierung. Das ist das eine, aber wenn wir diese tat-
kräftigen Männer in Berlin hätten, dann lebte Solf und
von dem Busche und wie sie alle heißen im Auswärtigen
Amt, heute nicht mehr, sie wären alle verschwunden. Nur
weil die Männer n i c h t da sind, die so stark die Zügel
in der Hand halten, ist es möglich, daß die Herrschaften
noch leben. Damit ich es nicht vergesse, wir haben
Telegraphen, Telephone und Funkenstationen. In
allen diesen, auch in den Einzelstaaten, sitzen noch
Männer des alten Systems. Sie sind nicht überall so
ausgeschaltet wie im Auswärtigen Amt am Promenade-
platz. Die Leute korrespondieren miteinander, und so
wird gegenseitig der Ball zugeworfen, und aus dieser

Quelle stammen alle diese beunruhigenden Nachrichten, die uns gegenwärtig verwirren. Ich habe vorgestern — weil es sehr wichtig ist, will ich es wiederholen, einige von Ihnen werden es ja gehört haben — gesagt, daß ich vor einigen Tagen eine Note gegen die Kundgebung Hindenburgs veröffentlicht habe. Diese Note war nicht gegen die Person und gegen den Militär Hindenburg gerichtet, sondern gegen die Politik, die unter seinem Namen getrieben wird. Vorgestern wurde ich aus dem Hauptquartier antelephoniert. Unter dem Namen Hindenburgs sprach mir der bayerische Bevollmächtigte — ich glaube, es war General Köberle — sein Bedauern aus, — ich spreche das wieder ganz öffentlich, weil es für mich gegenwärtig kein Geheimnis gibt —, daß durch meine Veröffentlichung der alte Herr im Hauptquartier außerordentlich gekränkt worden sei, und die Kränkung sei unverdient, weil dieser Erlaß von Hindenburg, der erbitternd auf die Entente wirken mußte, weil er sich mit allen möglichen Protesten gegen die Entente wendet, im Einverständnisse mit der Regierung ergangen sei. (Rufe: Hört! Hört!) Ich wußte natürlich sofort, woran ich war, und das war auch der Zweck meiner Note, wieder einmal die Ratten aus den Löchern herauszulocken. Ich sagte: Wer ist die Reichsregierung? Reichsregierung kenne ich gar nicht. Mit wem haben Sie Einverständnis gehabt? Natürlich wurde telephoniert: Es war das Auswärtige Amt in Berlin. Die Herren, die ich bekämpfe! Ich sagte: Also, das Aus=

wärtige Amt hat Ihnen das diktiert? Man wollte das nicht zugeben, aber man gab zu, daß es auf Veranlassung des Auswärtigen Amtes geschehen ist. (Rufe: Hört! Hört!) Darauf bat ich den General, dem Generalfeldmarschall in meinem Namen zu erklären: Ich bedaure sehr, wenn ich ihn gekränkt habe, aber ich bedaure noch mehr, daß sich der Militär Hindenburg abermals zum Opfer politischer Intrigen aus Berlin hergegeben hat. (Beifall!) (Rufe: Sehr gut!) Und General Köberle schloß die telephonische Unterhaltung mit dem Versprechen, man werde im Hauptquartier, das, glaube ich, vorgestern noch in Kassel war, noch vorsichtiger als bisher in allen politischen Fragen verfahren. (Rufe: Hört! Hört!) Hier war einmal die Quelle einer solchen beunruhigenden Nachricht aufgedeckt, und der Vertreter des Hauptquartiers hat mir sofort durch das Gelöbnis für die Zukunft indirekt zugestanden, daß man ohne politischen Vorbedacht diese Nachricht veröffentlicht hat.

Meine Herren! Ich will Ihnen jetzt die anderen Nachrichten, die alle aus irgendwelchen Quellen stammen, die irgendwie nach Berlin zurückführen oder von Agenten ausgehen, mitteilen. Gestern wurde mir von den Münchner Neuesten Nachrichten gemeldet, daß Herr Clemenceau beabsichtige, bayerisches Gebiet der tschechischen Republik einzuverleiben. Die Folge war natürlich, daß in ganz Niederbayern und der Oberpfalz eine große Beunruhigung entstanden ist. Ich habe auch

hier wieder kein Geheimnis zu bewahren oder für mich
zu behalten. Ich habe gestern mit einem Vertreter der
Münchner Neuesten Nachrichten gesprochen und ihn
gefragt: Woher haben Sie die Nachricht? Er berief
sich auf das Redaktionsgeheimnis. (Zuruf!) Das Re=
daktionsgeheimnis hat seine Grenzen in dem Augenblicke,
wo das Schicksal Deutschlands auf dem Spiele steht.
(Lebhafter Beifall und Händeklatschen!)

Meine Herren! Wir stehen mit der tschechischen Repu=
blik seit Beginn der Revolution in freundschaftlicher Be=
ziehung. (Zurufe: Bravo!) Wir haben einen Ver=
treter in Prag. Alle militärischen Nachrichten über die
Wirtschaft im Egerlande sind erlogen. Ich weiß nicht,
ob ich das Ergebnis unseres Gespräches hier mitteilen
soll. Es wurde mir zuerst gesagt, diese Nachricht
stammt aus Bern oder aus Basel, jedenfalls aus der
Schweiz. Daher stammen nämlich alle diese Nach=
richten. Bern und Basel sind nur ein anderer Name für
Berlin. Außerdem: Auch wenn sie aus Bern kommen —
(Zuruf: Sehr richtig!) ja, Sie wissen nichts vom
Presseleben! Wissen Sie, wie die öffentliche Meinung
draußen zustande kommt? Das kann ich Ihnen sagen,
auch vor dem Kriege. Wenn ein Reichskanzler im
Reichstag eine Rede hält, so wird aus Berlin von dem
Vertreter des Reichskanzleramts nach Wien mitge=
teilt, was Wien denkt über diese Reichskanzlerrede,
und dann wird aus Wien das wieder zurückgemeldet
nach Berlin als Stimmung des Auslands. (Zurufe:

Hört!) So war es schon vor dem Kriege, und Sie
können sich denken, wie es während des Krieges war.
Es wurde mir dann versichert, daß der Herr, der Ge=
währsmann, der mir näher stände als den Alldeutschen
— ungefähr so etwas wurde behauptet —, diese Nach=
richt von einem ausgezeichnet eingeweihten Mann aus
der Schweiz bekommen hätte, und schließlich nach
langem Gespräche stellte sich folgendes heraus: Diese
Nachricht stammt nicht aus der Schweiz, sondern sie
stammt aus München (Zurufe: Hört!), und dieser
Gewährsmann hat es nur aus der Schweiz gehört.
(Hört! Hört!) Dann stand in der Presse: „Wir for=
dern hier die Regierung, das Auswärtige Amt, auf,
sich über diese Frage zu äußern." Die Herren Journa=
listen haben früher während des Krieges es nicht ge=
wagt, nur ein Wort dieser Art zu veröffentlichen, ohne
die Zensur zu befragen. Warum fragen sie uns nicht
vorher, ehe sie einen solchen Unsinn veröffentlichen, wie
wir dazu denken? (Sehr gut! Bravo!) Warum fragen
sie uns öffentlich? Weil sie eben mitspielen in dieser
besinnungslosen Treiberei. (Bravo!) Nun zum Schlusse,
ich komme nochmals darauf zurück: Sie müssen mir
eines zugeben. Wir brauchen das Vertrauen der En=
tente. Wir haben noch wenige Monate Lebensmittel.
Diese Lebensmittel hören ganz auf, vielleicht Ende März,
und bis dahin sind wir auf Rationen angewiesen, die
einen langsamen Hungertod bedeuten. Es ist uns in
Berlin amtliches Material mitgeteilt worden. Daraus

geht hervor, daß die frühere Regierung ohne jegliche Unterlage die Brotration erhöht hat, nur um Stimmung im Lande zu machen. So wurde bis zur Revolution regiert, ganz ins Blaue hinein, abenteuerliche Bankerottpolitik im Innern, wie im Äußern, wie im Militärischen. (Sehr richtig!) Wir haben keine Rohstoffe, wir haben keine Kohlen, wir haben keine Baumwolle. Wir können doch unmöglich die wenigen Rohprodukte, die wir haben, jetzt noch für die Herstellung von Munition vergeuden. Wir sind in einer Gefahr der Arbeitslosigkeit.

Und nun bitte ich Sie wirklich und beschwöre Sie: helfen Sie uns doch, daß wir wenigstens den Versuch machen, zu irgendeinem Ergebnis mit der Entente zu kommen! (Bravo!) Ich bin weit davon entfernt, die Entente anzuwinseln, anzubetteln. Ich würde bis aufs Äußerste jeder Forderung widerstreben, die uns demütigt und uns zugrunde richtet. Aber auch in der Entente wollen die Völker Frieden, auch dort wollen die Soldaten nach der Heimat, auch dort will man zu neuen Zuständen kommen, wie bei uns. Und das ist das gemeinsame Interesse der Völker. Darin besteht kein Gegensatz und diese Erkenntnis muß die Grundlage sein für den Aufbau der neuen Welt, der beginnen muß mit der wirklichen, ehrlichen, aufrichtigen Verständigung, mit der Entente. Und wenn nun die Presse diese Versuche fortsetzt, die bereits unternommen sind und von denen ich erwarte, daß sie zum Ziele führen; wenn nun die Presse

9

solche Schwindelnachrichten verbreitet, solche Hetzereien gegen die Entente verbreitet, so geschieht das nur zu dem Zwecke, damit die öffentliche Meinung von den Schuldigen in Deutschland abgeleitet, scharf gemacht wird auf den Feind. Geschieht das aus diesem ganz durchsichtigen Grunde, dann soll man uns nicht verhindern, diesen einzigen Weg der Rettung noch zu beschreiten. Denn die Presse, die genau so politisch unerzogen ist wie das Publikum in Deutschland, die — und das ist ja der Erfolg der Presse, daß sie genau auf dem Niveau des Publikums steht — führt in politischer Hinsicht nicht, sondern wird geführt, namentlich in Fragen der Auswärtigen Politik. Wie viele Fachmänner gibt es denn in Deutschland, die bisher mit auswärtiger Politik sich beschäftigten? Ich gehöre zu den wenigen, die seit jeher sie sich zu ihrem Studium erwählten. Ich sage, wenn nun diese Vertreter der öffentlichen Meinung ein bißchen Verstand hätten und ein bißchen guten Willen hätten, dann müssen sie doch eins zu vermeiden suchen, den Eindruck nämlich, als ob hier in Bayern auch alles durcheinander wäre, als ob man auch hier nur darauf wartete, eine neue Regierung einzusetzen, eine Nationalversammlung zu wählen und alles, was bisher geschaffen ist, wieder aufzulösen. Dann muß doch in der Entente der Eindruck entstehen, es ist überhaupt in Deutschland niemand mehr verhandlungsfähig. Auch nicht die Männer, die das Vertrauen der Entente genießen in moralischer

Hinsicht. Meine Herren! Ich möchte wirklich, nachdem meine Pläne sehr heftig durch die Vertreter der öffentlichen Meinung geschädigt wurden, an Sie den Appell richten: Ich stehe Ihnen auch jetzt noch trotz meiner Verachtung der bisherigen Preßtreibereien in vollständiger Aufrichtigkeit zur Verfügung, wenn Sie mit mir gemeinsam arbeiten wollen, die neuen Wege zu finden. (Bravo!) Ich eile zum Schlusse. Ich möchte hernach noch eine militärische Angelegenheit mit Ihnen erörtern, weil sie mir sehr wichtig erscheint für die zukünftige Entwicklung der Dinge. Meine Herren! Das ist mein Wunsch, den ich an die Presse habe. Sie soll zur Einsicht kommen, daß mit Protesten, mit Schwindelnachrichten, mit solchen Tartarenmeldungen das Gegenteil von dem erreicht wird, was sie ja doch auch selbst erreichen wollen. Sie wissen selbst nicht, was sie tun. (Zuruf!) Man verbreitet Nachrichten, alles geht durcheinander, einmal wird behauptet, auch ich wäre für die sofortige Einberufung der Nationalversammlung eingetreten. Damit wollte man meinen Namen mißbrauchen, um gegen die angebliche Diktatur der Arbeiter=, Soldaten= und Bauernräte Sturm zu laufen. Nachdem ich das widerlegt habe, daß das nicht wahr ist, behauptet man nun, ich sei überhaupt Gegner der Nationalversammlung. So gehts von einem Tag zum andern. Man ruft mich auf, die Selbständigkeit Bayerns zu wahren gegenüber Berlin. Ich tue es und am nächsten Tage beschimpft man mich, weil ich Bayern loslösen möchte vom Reiche. Alles aus den Fingern gesogen! Meine Haltung hinsichtlich des Verhältnisses von Bayern zum Reiche ist ganz klar, nie geändert. Ich bin gegen den Zentralismus in der auswärtigen Politik, in der inneren Politik, in der Parteipolitik, so lange ich lebe. Ich will die innere Kraft der Glieder, ob es sich nun um ein Parteiwesen handelt, ob es sich um einen Staat handelt — das ist dasselbe. Ich bin in der Sozial= demokratie stets ein Gegner der Berliner Diktatur ge= wesen. Obwohl ich in Berlin als leitender Redakteur des „Vorwärts" sieben Jahre gearbeitet habe, bin ich auch dort immer ein Gegner dieses Zentralismus ge= wesen. So bin ich es auch hier, ich sehe die Erneuerung Deutschlands in der Kraftentfaltung der Glieder, aber nicht in der Lostrennung der Glieder. (Bravo!) Das ist so deutlich gesprochen, daß es auch der Dümmste versteht und ich habe weiter hinzugefügt, wenn Berlin weder wirtschaftlich, noch militärisch gegen= wärtig aktionsfähig ist, — fragen Sie einmal hier in den Kreisen der Industrie und des Handels, wie diese über die wirtschaftliche Aktionsfähigkeit Berlins denken, fragen Sie die Herren, die sich mit dem Austausch der Produkte zwischen den einzelnen Staaten und Berlin beschäftigt haben, in welcher Weise während des Krieges Süddeutschland benachteiligt worden ist zugunsten der Herren, die unmittelbar in Berlin an der Krippe saßen (Sehr richtig!) — so will ich dagegen ankämpfen und ich will die Kraft und Selbständigkeit der einzelnen

Staaten sichern. Ich fügte hinzu, wenn Berlin nicht genau so wie Bayern — Bayern ist ein kraftvolles Land — trotz der Presse und trotz der einzelnen Manöver und der Gerüchte — (ich habe ja nicht einmal mehr einen Namen, man hat, oder irgend ein Irrsinniger hat ja aufgebracht, ich weiß nicht wer, daß ich einen viel schöneren Vornamen habe, nicht den kurzen Kurt, ich soll Salomon heißen. (Heiterkeit!) Sie zwingen mich, demnächst meine Biographie zu veröffentlichen und Sie werden ihre blauen Wunder erleben, was der Salomon Koschnowsky oder wie er heißt, eigentlich ist.) (Heiterkeit!) Ich sage, wenn Berlin seine Aktionsfähigkeit nicht bald wieder gewinnt, wenn dort die Kraft des alten Systems noch mit dem neuen tobt, und der Kampf nicht zu einem Ergebnis führt, was sollen wir dann in Bayern machen? Dann müssen wir doch zunächst versuchen, uns selbst zu helfen (Bravo!) und nicht uns loslösen, sondern im Interesse des Ganzen zu handeln. (Bravo!) Darum bitte ich Sie, folgen Sie uns auf diesem Wege. Es ist ja ein Unglück, aber es ist nicht zu ändern. Ich selbst bin ein Preuße — nicht zu ändern — aber weil ich ein Preuße bin, und weil ich ein Historiker des Preußentums bin, und weil ich ein alter Hasser dieses alten Systems des Preußentums bin, führe ich diesen Kampf. Ich kenne Berliner Politik besser als das allzu gutmütige Süddeutschland. Aber ich kann auch die Herren beruhigen, die mich noch immer für einen Preußen halten, ich bin seit mehr als einem Jahrzehnt

ein Bayer, ein naturalisierter Bayer. (Hört! Hört!
Bravo!) Das ist meine Auffassung von den Dingen,
daß der deutsche Süden, besonders Bayern, seine wirt=
schaftliche und politische Kraft regeln muß, um dafür
einzutreten, daß nicht ganz Deutschland zerfällt und zer=
setzt wird. (Bravo!) Das verstehe ich unter nationaler
Politik gegenwärtig und trotz der Pressetreibereien hat
die bayerische Politik der revolutionären Regierung seit
kurzer Zeit Ansehen gewonnen. Gestern ist mir durch
einen Funkspruch aus Lyon bestätigt worden, daß meine
Veröffentlichung und Kundgebung gegen Berlin genau
die Wirkung gehabt hat, die ich vorausgesehen habe.
(Bravo! Lebhafter Beifall! Ruf: Wer war das in
Lyon?) Das ist die „Agence Havas", das offizielle
Organ der gegenwärtigen Regierung in Frankreich,
genau wie das Wolffbureau. Ich wollte nur wünschen,
daß die Presse diesen Funkspruch in aller Ausführlichkeit
mitteilt, damit die deutsche öffentliche Meinung erkennt,
daß das, was ich damit erreichen wollte, Vertrauen zu
finden, daß das, was wir wollen, ehrlich gemeint ist und
nicht in dem alten Unheil der Tücke, Lüge, des hinter=
listigen Hintergehens gearbeitet wird, sondern daß wir
ganz offen und ehrlich sagen, was wir wollen, in welcher
Notlage wir sind, daß wir uns aber trotzdem nicht beugen,
— und das habe ich auch den Vertretern der Aus=
wärtigen Politik gesagt, — und den Wert und die Würde
hat, gleichberechtigt bei den Verhandlungen ein beraten=
der Faktor zu sein. (Stürmischer Beifall!) Ich war

es, der vor wenigen Tagen den Vertreter des größten Pariser Blattes, des Temps, der bei mir war, folgendes gesagt hat: Ihr habt eine falsche Meinung vom deutschen Volke, wir sind nicht die Sklaven, die Ihr glaubt. In keinem Lande der Welt haben die Massen sich so mit persönlicher Aufopferung gestemmt gegen die ganze Politik der verbrecherischen Regierung als bei uns. Ihr wißt ja gar nicht, wie die Arreste und Gefängnisse in ganz Deutschland voll sind von solchen, die gegen die Regierung handelten. (Lebhafter Beifall.) Ich habe dem französischen Korrespondenten gesagt, das soll er seinem Lande mitteilen in dem Augenblicke, wo die Erkenntnis in Deutschland erwachte, waren es Tausende von Männern, die gegen diese sogenante Säbeldiktatur ihre bloße Brust opferten und sich ihr entgegenwarfen. Sie wissen ja, wie das Reichsgericht gewütet hat. Verbreitung von Flugblättern gegen den Krieg und gegen die Kriegspolitik der Regierung hat ja genügt, damit das Reichsgericht in Berlin einen jungen Mann von 22 oder 24 Jahren auf 8 Jahre ins Zuchthaus gesperrt hat. (Hört! Hört!) Das sind die Helden der inneren Front in Deutschland und von denen weiß das Ausland gar nichts, weil die Zensur es verhindert hat, daß die deutschen Opfer bekannt wurden, nicht einmal das Inland hat es gewußt. Alle diese Verhandlungen haben unter dem Ausschluß der Öffent= lichkeit stattgefunden. Dieses Vertrauen muß wieder hergestellt werden. Wir müssen mit der Entente so ver=

handeln, als ob nie Krieg gewesen wäre, als ob wir
Menschen sind, die Sehnsucht haben, nun endlich wieder
in Frieden zu arbeiten. (Lebhafter Beifall!) Wenn uns
das nicht gelingt, dann gehen wir zugrunde, und es
ist dann besser, daß wir zugrunde gehen. Versuchen wir
noch einmal, ob uns das im letzten Augenblicke gelingt,
kehren wir die Männer des alten Systems aus und
versuchen wir auf diesem Wege weiterzukommen. Gelingt uns auch das nicht, dann ist alles verloren. Aber
es wird gelingen, weil es gelingen muß. Nach diesen
Auseinandersetzungen möchte ich mit Ihnen als Soldaten ganz kurz noch am Schlusse, damit diese etwas
lebhaften Auseinandersetzungen einen ruhigen Abschluß
finden, eine sehr wichtige Frage erörtern und würde
Sie bitten, wenn Sie dann in die Diskussion eingreifen,
auch dazu das Wort zu nehmen. Wie auch immer die
Dinge sich entwickeln mögen, ich persönlich, der ich immer
ein Optimist war, bin der Überzeugung, daß nach den
schweren Monaten, vielleicht Jahren, die uns beschieden sind, wir dann wirklich in einer neuen und glücklicheren Welt leben werden. Das ist meine feste Überzeugung und hätte ich sie nicht, so würde ich diese
Arbeit und diese Verantwortung nicht auf mich nehmen.
Dieser Glaube an die Zukunft, der mich zum Sozial-
demokraten gemacht hat, ist heute die ganze Grundlage
meiner seelischen Existenz und ich würde keinen Augenblick die Marter und die Erschöpfung meines Amtes
weiter behalten, wenn ich diesen Glauben nicht besitzen
100

würde. Und das möchte ich am Schlusse noch mit Ihnen erörtern:

Der Militarismus, der seine kräftigste Wurzel in Preußen-Deutschland hatte, ist zusammengebrochen. Die Millionen, die er gekostet hat, an Toten, Krüppeln und Kranken, die sind der Abgrund, in den der Militarismus auf alle Zeiten versinkt. (Zuruf: Hoffentlich!) Hoffentlich? Nein, das weiß ich.

Nun fragt es sich, wie wir den Militarismus liquidieren. Sie wissen ja, daß eine sozialdemokratische Forderung ist, daß an die Stelle des stehenden Heeres die Volkswehr gesetzt wird. Ich möchte glauben, daß auch die Volkswehr eine Forderung von gestern ist, (Sehr gut!) daß sie durch die Ereignisse überholt ist. Die Volkswehr beruht ihrer Herkunft nach auf dem demokratischen, dem revolutionären Gedanken, daß jeder Bürger seine Flinte im Hause haben muß, um die Freiheit zu schützen. Schon rein technisch haben sich die Verhältnisse wesentlich umgestaltet. Es würde heute mit der Flinte nichts mehr getan sein, Sie müßten mindestens noch, um die Freiheit zu schützen, Ihr Maschinengewehr und Ihre Blaugasbomben haben. Wir haben in der Schweiz gesehen, daß auch die Miliz den Weg zum Militarismus findet. Und deswegen möchte ich — und das wird für die kommenden Friedensverhandlungen vielleicht wichtiger sein als Länderverteilung und Grenzenziehen — an Sie die Frage richten, ob wir in Bayern nicht die Frage stellen wollen, daß überhaupt

die Armee beseitigt wird, nicht nur bei uns in Deutsch=
land, sondern in der ganzen Welt, und daß nur noch
Polizeitruppen die Sicherheit im Lande gewährleisten.
(Lebhafter Beifall!) Dann, und erst dann ist im Lande
und in der Stadt alle Arbeit der fruchtbaren
Schöpfung des Lebens geweiht, dann arbeiten wir
für die Verbesserung und Erlösung der Menschen und
niemand denkt daran, in ödem Drill und stumpfen
Kadavergehorsam die schönsten und besten Jahre des
Lebens zu vergeuden. (Sehr richtig!) Dann gibt es
keinen Krieg mehr (Sehr richtig!), dann ist die Mensch=
heit eine Gemeinschaft von Arbeitern, schaffenden,
schöpferischen Arbeitern. Deshalb würde ich Sie bitten,
über diese wichtigste Frage, die uns in den Friedens=
verhandlungen bewegen wird, heute schon in diesem
Kreise Ihre Meinung in irgendeiner Weise zum
Beschluß zu bringen. Das ist wichtig, damit
die Welt erkenne, welch neuer Geist in Deutsch=
land herrscht. (Sehr richtig!) und wenn ich mit den
Gespenstern der Vergangenheit abgerechnet habe, so
wollte ich am Schlusse Ihnen diesen neuen Gedanken
geben, der ein Erlösungsgedanke ist. (Beifall!) Helfen
Sie mir schaffen. Sie werden in kurzer Zeit erkennen,
daß ich nicht Worte mache, sondern daß ich versuche,
wirklich etwas zu erreichen. (Stürmischer Beifall und
Händeklatschen!)

Ministerpräsident Eisner: Meine Herren!
Ich bitte um Entschuldigung, daß ich erst jetzt an Ihren

102

Verhandlungen wieder teilnehmen kann. Ich habe, nachdem ich Sie heute verlassen habe, eine lange Konferenz mit 45 Vertretern des bayerischen Oberlandes gehabt, und bin unmittelbar darauf in das Nationaltheater gegangen, wo ich eine Ansprache an die Münchner Jugend gehalten habe. Es waren auch einige da, die gepfiffen haben.

Meine Herren! Aus den Ausführungen des letzten Redners entnehme ich, daß es hier in den letzten Stunden eine Auseinandersetzung zwischen München und der sogenannten Provinz gegeben hat. Es ist doch ganz selbstverständlich, daß ganz Bayern zusammenarbeiten muß. (Rufe: Sehr gut!) Wenn in den ersten Tagen München eine gewisse Alleinherrschaft ausgeübt hat, war das doch durch die Umstände bedingt. Die Zustände mußten erst hier konsolidiert werden, bis es möglich war, die Beziehungen zu den anderen Zentren der Arbeiter- und Soldatenräte zu festigen. Die Hauptstädte sind nicht die Zentren der Intelligenz, ich will auch nicht das Gegenteil behaupten. Aber wir haben nun einmal das Unglück, hier Sitz der Regierung zu sein, das Zentrum zu sein und deshalb wird in gewisser Beziehung immer eine Art scheinbarer Bevorzugung von München erfolgen. Es kommt noch etwas anderes hinzu. Wir wissen ja nicht, wie bei uns die Verkehrsverhältnisse sein werden. Schon vor zwei Wochen wurde verkündet, daß die Tage des Eisenbahnverkehrs gezählt seien. Was sollten wir in einem solchen Falle hier tun? Da müssen wir wieder mit München zusammenarbeiten, weil Sie nicht in der Lage sind, zu uns zu kommen.

Ich bitte Sie nun, wirklich zu berücksichtigen: drei Wochen trennen uns erst von dem Umschwung. Ich bin gar nicht Pessimist, ich glaube, daß überhaupt noch niemals in der Weltgeschichte in drei Wochen unter solchen Umständen so viel geleistet worden ist. Wenn ich einen Ehrgeiz habe, so den, daß wenigstens wir in Bayern einmal zeigen, daß eine Revolution möglich ist, die ohne Rückschritte und ohne Hemmungen, ohne Rückschläge und ohne Katastrophen ruhig und besonnen ihren Weg geht. (Rufe: Bravo!) Ich habe heute vor= mittag von einem Kampfe gegen die Diktatur gehört. Ich weiß nicht, gegen wen sich dies richtet. Hier in Bayern kenne ich keine Diktatur. Im Gegenteil, bis= her ist in keinem deutschen Lande, bisher ist überhaupt nicht in der Vergangenheit irgend einmal so durch= greifend der Versuch gemacht worden, eine Regierung unmittelbar auf die breiten Massen zu stützen. Das ist überhaupt noch niemals dagewesen. Und am 1. De= zember beginnen diese breiten Massen bereits hier in die Erscheinung zu treten, unmittelbar mitarbeitend, unmittelbar schaffend. Ich weiß nicht, vielleicht hat man eine Berliner Diktatur gemeint. Ich habe Anfang dieser Woche im Vollzugsausschusse des Arbeiter= und Soldatenrats den Verhandlungen beigewohnt. Auch dort hat man mir versichert, man denke nicht an Dik= tatur, man wolle nur mitarbeiten, nichts weiter..

104

Meine Herren! Sie haben hier die große Aufgabe und die ungeheure Arbeit, das Heer aus dem Kriegszustand in den Friedenszustand zu überführen. Das ist eine ungeheure Aufgabe, weit größer als, will ich einmal sagen, die Eifersüchteleien über Kompetenzen. Wenn jeder von Ihnen in ganz Bayern mitarbeitet und seine Schuldigkeit tut, gibt es keine Konkurrenzstreitigkeit zwischen Hauptstadt und Provinz. Meine Herren! Es gibt keine Diktatur, aber es gibt gewisse Treibereien, die versuchen wollen, die Diktatur zu schaffen, und ich habe den Eindruck, daß das gerade von den Stellen ausgeht, die sich gegen die Diktatur, gegen eine nichtvorhandene Diktatur wenden, die selbst bereit sein würden, die Diktatur zu verkünden. Es ist ein Unsinn, eine Demokratie aufzurichten, die in irgendeinem einzelnen Kopfe verkörpert ist. Nur die Mitarbeit aller verkörpert den Fortbestand der Revolution, aber, meine Herren, den Fortbestand der Revolution, nicht die Wiederkehr der Kontre-Revolution. Darum handelt es sich, und deswegen müssen wir wachsam sein.

Ich möchte nur noch ein Wort zur Revolution sprechen. Ich bin im allgemeinen mit dieser Revolution einverstanden. Aber sie könnte vielleicht draußen mißverstanden werden, und deshalb wäre es gut, eine andere Form zu finden. Wir müssen jetzt sehr vorsichtig sein, und müssen alles vermeiden, was den Eindruck der Uneinigkeit und Zerklüftung in den Schutztruppen der neuen revolutionären Ordnung hervor-

105

rufen könnte. Wir müssen einig sein. Meine Herren! Die Nationalversammlung, das Problem, ist gar kein Problem. Die Nationalversammlung kommt in dem Augenblick, wo die Vorbereitungen, die notwendigen Vorbereitungen getroffen sind. Sie kommt als Krönung der Revolution, als Krönung des revolutionären Werkes (Bravo!), darüber ist gar kein Zweifel. Aber inzwischen, damit nicht das neue Parlament die Diktatur ausübt, inzwischen muß die Demokratie lebendig geworden sein (Beifall!), da müssen ihre Organisationen angefangen haben zu arbeiten, nicht bloß die Arbeiter- und Bauernräte, sondern auch die anderen Räte. (Beifall!) Wir wollen kein Parlament mehr haben, in welchem nur Vertreter des Volkes sind, nur Leute, die alle fünf Jahre mal wieder das sogenannte Vertrauen des Volkes erproben, sondern wir wollen ein Parlament haben, hinter dem das ganze Volk steht und mitarbeitet, wenn auch außerhalb des Saales; das vorwärts drängt, vorwärts treibt und in dem nicht wieder die leere Mühle des bürgerlichen Parlamentarismus klappert.

Meine Herren! Hier in diesem Arbeiter- und Soldatenrat hat man beschlossen — und dagegen wendet sich in einem Absatze die Resolution —, daß auch verlangt wurde, daß Scheidemann und Ebert aus der Regierung ausscheiden. (Zuruf: Scheidemann und David!) Ich habe jetzt den Namen „Ebert" genannt, weil ich in dem nächsten Satze „Ebert" nennen wollte. Meine

106

Herren! Ich weiß nicht, welche Auffassung dem Be-
schlusse von gestern zugrunde lag, ich habe selbst dazu
Stellung genommen. Aber daß nun diese beiden Namen
genannt sind, beweist Ihnen doch schon, was gemeint
ist, und ich möchte Sie bitten, vielleicht diesem Satz der
Resolution eine andere Form zu geben. Der Name
Ebert steht nicht darin, der Name Landsberg steht
auch nicht darin, sondern es stehen nur diese beiden
Namen Scheidemann und David darin, und der Sinn
des gestern erfolgten Beschlusses ist, daß man nicht
gerade an diese beiden exponierten Stellen der auswärtigen Politik gerade diese Männer stellt, die, ich will
mich ganz mild ausdrücken — ich war derjenige, der
zuerst in Deutschland, der zuallererst — und vielleicht
macht mir wieder jemand den Vorwurf, daß ich dem
Volke voraus bin. — Nein, meine Herren, ich bin
gar nicht dem Volke voraus, ich unterscheide mich nur
dadurch von manchen anderen, daß ich den unerschütter-
lichen Glauben an das Volk habe. Meine Herren, das ist
es, worum es sich handelt, daß diese beiden Herren —
ich sage, ich war der erste hier, der zuerst in Deutschland
den Zusammenschluß der Bruderparteien wieder ge-
fordert hat, eine geschichtliche Tatsache. Ich war es,
der der erste, vielgenannte Führer war. Ich hasse das
Wort wie den Begriff „Führer". Wir sind Mitarbeiter,
aber nicht Führer. Ich sage, ich war der erste, der für
den Zusammenschluß der bürgerlichen Parteien, der

107

habernden Sozialdemokratie gewirkt hat. Ich selbst habe
in der denkwürdigen Revolutionssitzung am Tage nach
der Revolution, als der revolutionäre Arbeiterrat ge=
murrt hat, als der Name meines Kollegen Auer er=
wähnt wurde, erklärt, daß ich aus vollster Über=
zeugung mit diesem meinem Gegner, von dem mich
auch heute noch manche Anschauung trennt, nämlich
hinsichtlich der Ausbreitung der Tätigkeit der Arbeiter=,
Soldaten= und Bauernräte, wo ich weiter gehe als mein
Kollege Auer — ich sage, ich war der erste, der gesagt,
Herr Auer muß in der neuen Regierung sitzen, er muß
mit uns zusammenarbeiten, wie ich an der Spitze stehe
als Symbol der Revolution, so er als Symbol der neuen
Einheit der Sozialdemokratie. Das ist eine geschichtliche
Tatsache, und deswegen fällt es mir gar nicht ein,
irgendwelche Personen, irgendwelche Führer der Mehr=
heitssozialisten wegtreiben zu wollen, zu verjagen. Ob
auf der umgekehrten Seite auch dieses Bestreben herrscht,
unter allen Umständen mit uns oppositionell zusammen=
zugehen, das weiß ich nicht. Von mir aus bin ich
entschlossen, die Einheit im Ministerrate zu wahren,
und bisher sind überhaupt noch keine Differenzen, es
sind über manche Dinge selbstverständlich verschiedene
Anschauungen zur Geltung gekommen, aber, soviel ich
weiß — mein Kollege wird es mir vielleicht bezeugen
— ist in keinem einzigen Falle auch nur eine Beschluß=
fassung notwendig geworden, weil wir uns schließlich
immer verständigt haben, auf die uns notwendig er=

scheinende Politik. Ich will darüber gar nicht urteilen, wer und wessen Wort da mehr gegolten hat und wessen Anschauung gesiegt hat. Das ist eine Frage, die Sie ja selber entscheiden können, wenn Sie sehen, was wir getan haben, und deshalb liegt es mir auch bei dieser Forderung fern, die ich aus rein sachlichen Gründen erhebe, daß diese beiden Parteigenossen nicht gerade an dieser Stelle stehen, etwas zu unternehmen, was gegen die neue Einheit der Partei gerichtet ist. Es ist nur notwendig — und ich bitte Sie deswegen, diese Resolution in diesem Sinne abzuändern —, daß nicht gerade in der auswärtigen Politik die Männer stehen, die in der Vergangenheit in der auswärtigen Politik eine unglückliche Hand gehabt haben. Das ist es, worum es sich handelt, und nichts weiter und, meine Herren, in der heiklen Lage, in der wir uns befinden, in der Situation, in der wir auf das Vertrauen der Entente angewiesen sind, sollen wir auf die Empfindlichkeiten Rücksicht nehmen. Es ist nicht möglich, daß gerade der Mann die Leitung in der auswärtigen Politik hat, der seit Jahr und Tag immer die Unschuld Deutschlands am Kriege nachzuweisen gesucht hat. Das muß verbittern, und das muß drüben aufs neue aufreizend wirken, das ist sachlich begründet und deswegen, meine Herren in Nürnberg und Fürth, würde ich Sie bitten, wenn Sie den Satz nicht überhaupt streichen wollen, ihn in irgendeiner Art zu ändern. Es handelt sich nicht darum, sie auszutilgen, ihre Namen auszutilgen aus irgendeinem Verdacht, sondern es handelt sich nur darum, daß nach unserer und nach meiner Anschauung gerade diese Herren in der auswärtigen Politik eine so unglückliche Rolle gespielt haben, daß man sie nicht zu Repräsentanten der Auswärtigen Politik in der heutigen Zeit wählen soll.

Das wollte ich Ihnen nur noch sagen und zum Schlusse: Unterlassen wir wirklich die Streitigkeiten über die Kompetenz, wer vorangeht, wetteifern wir in der Arbeit, in der nützlichen und fruchtbaren Arbeit, und dann kommen wir überhaupt gar nicht zur Besinnung, gar nicht zur Überlegung, wer mehr Recht hat. Meine Herren! Es handelt sich gar nicht bei uns um mehr Recht, sondern es handelt sich um mehr Arbeit, und wenn wir anfangen zu arbeiten — und ich hoffe, daß das von nun an geschieht —, dann streiten wir uns nicht mehr um papierne Reglemente, um papierne Abgrenzung der Befugnisse, dann arbeiten wir, dann regen wir unsere neue Kraft und schaffen. (Beifall!) (Folgt Vorsitzender.)

Ministerpräsident Eisner: Ich bitte um Ihre Geduld, daß ich noch einmal reden werde. Wir sind in dieser Diskussion in einer höchst eigentümlichen Lage. Die einen haben die Revolution gemacht, haben ihre Person geopfert, nicht seit gestern, sondern seit Jahr und Tag (Sehr richtig!) und ich müßte von jedem verlangen, der hier redet, daß er uns zeigt, welche Tätigkeit er während des Krieges bis jetzt in politischer Hin-

sicht ausgeübt hat. (Sehr richtig!) Wir müssen die
Sicherung haben, wer hier redet. (Sehr richtig!) (Leb=
hafte Zurufe!) Es ist doch sehr einfach. (Zuruf!) Ich
unterstelle niemand etwas. (Zuruf und lebhafte Ge=
genrufe.) (Glocke des Vorsitzenden.) Ich bedaure sehr
diese Debatte.

Das werden Sie wohl begreifen, daß die Gegner der
Revolution heute nicht berechtigt sind, die Schöpfer
der Revolution vor Gericht zu stellen. (Lebhaftes
Bravo!) Sie können nicht von mir verlangen, zuzu=
geben, daß diejenigen, die bewiesen haben, 4½ Jahre,
um mit dem Herrn Vorredner zu sprechen, Ideologen ge=
wesen zu sein, sich in allem getäuscht haben. Ich will nicht
sagen, daß sie andere getäuscht haben, daß sie aber sich
getäuscht haben. Sie können nicht verlangen von mir,
der vom ersten Tage des Krieges an, soweit es über=
haupt möglich war, in der Öffentlichkeit tätig war, —
diese Tätigkeit wird von mir publiziert werden — daß
ich vor allen gemeinen Redensarten zurückweiche, ich,
der ich 4½ Jahre lang die drohende Gefahr, in der
Deutschland steht, mit Hintansetzung aller persönlichen
Interessen und zäher geduldiger Arbeit verkündete, der
ich alles getan habe, um das deutsche Volk aufzuklären
und der leider, leider in jedem Punkte recht behalten
hat (Sehr richtig!), Sie können von mir nicht verlangen,
daß ich mich nun der Kritik mir unbekannter Personen
— kritisieren können Sie mich — hier unterwerfe, da
ich gar nicht weiß, welche Parteirichtung Sie gestern

111

vertreten haben. Ich habe im Berliner Arbeiter=
und Soldatenrat zu meinem großen Staunen auch
die Überraschung erlebt, daß dort einer das große
Wort führte, der gestern, wenn er nicht Alldeutscher
war, doch sicher nicht Revolutionär war. Meine Her=
ren! Wir wollen vorsichtig sein. Es ist sehr bequem,
heute von den revolutionären Errungenschaften zu spre=
chen; aber erst muß man nachweisen, daß man Anteil
an der Erarbeitung dieser revolutionären Errungenschaf=
ten gehabt hat; erst muß man das nachweisen. (Sehr
richtig!) Wenn Herr Abresch als Vorsitzender des Ar=
beiterrats von Neustadt a. d. H. nach München kommt,
so werde ich keinen Respekt haben vor diesem Arbeiter=
rat, der einen Abenteurer, einen Gründer, eine der
kompromittiertesten Persönlichkeiten der Bourgeoisie an
die Spitze stellt. Dazu haben wir nicht die Revolution
gemacht. Die Revolution kann nur fortgeführt werden
von den revolutionären Elementen (Sehr richtig!) (Zu=
ruf: Sonst erleben wir eine zweite Revolutionsnacht!),
zerstört kann sie nur innerlich werden.

Der Herr Vorredner hat einen glänzenden Beweis ge=
führt für die Ideologie, die in seinem Bewußtsein son=
derbare Blüten treibt. Ich weiß nicht, wie er früher
über die Politik geurteilt hat, ich weiß nicht, ob er, wie
ich, ein Fachmann auf dem Gebiete der auswärtigen
Politik ist. (Zuruf: Das maße ich mir nicht an!) Aber
Sie reden darüber. (Zuruf: Andere auch!) Ich habe
während des Weltkrieges in wöchentlich siebentägiger Ar=

112

beit mich mit nichts weiter beschäftigt als mit den Fra=
gen der auswärtigen Politik und die treibe ich nicht seit
gestern, sondern schon seit mindestens zehn Jahren und
seit mindestens 10 Jahren warne ich das deutsche Volk
vor seinen Militaristen, die uns in den Weltkrieg trie=
ben — die Tätigkeit liegt offen zu Tage. Aber der
Herr Vorredner hat einen Beweis gegeben, wie wenig
er fähig ist, Tatsachen, die sich eben erst gegeben haben,
richtig aufzufassen und Sie können sich ungefähr vor=
stellen, wie er über die Entente und über das Ausland
urteilt. Er hat mir untergeschoben, daß ich die Meinung
habe, daß ich etwa als Friedensunterhändler tätig sein
will, als willfähriges Werkzeug der Entente, als Sklave
der Entente. (Zuruf: Nicht Ihre Person!) Ich oder
wir, das ist ganz egal; er hat es irgend jemand in
Deutschland untergeschoben. Wenn er niemand gemeint
hat, ist seine Auffassung illusorisch; aber er hat, so viel
ich mich erinnere, von mir gesprochen. Das Steno=
gramm meiner heutigen Vormittagsrede liegt da. Ich
habe wie gestern in aller Offenheit erklärt: Wir de=
mütigen uns nicht, wir betteln nicht, wir vertreten
Volksrechte, die Interessen Deutschlands. Und nun stel=
len Sie sich einmal vor, wenn die Äußerung in die
Offentlichkeit kommt, daß der Ministerpräsident von
Bayern direkt oder indirekt eine solche jämmerliche elende
Politik treibt, als willfähriges Werkzeug der Entente
— es fehlt nur noch, daß ich ein bezahlter Entente=
agent bin —, als Sklave der Entente, da muß aller=

dings die Entente ein Ekel nicht nur vor Berlin er-
greifen, sondern auch ein Ekel vor der Verächtlichkeit
des bayerischen Ministerpräsidenten, der winselnd und
bettelnd nach dem militärischen Zusammenbruch sich der
Entente an den Hals wirft. So muß das wirken.
(Sehr richtig!) Sie sehen aus diesem einzigen Beispiel,
wie falsch es ist und wie unmöglich, daß Personen, die
weder an der Revolution beteiligt sind, noch 4½ Jahre
lang sich gegen die Kriegspolitik gestemmt haben (Woher
wissen Sie das?). Ich kenne Sie nicht, ich kenne aber
alles, was an der Revolution mitgewirkt hat. (Zuruf:
Wir waren im Felde!) Dann haben Sie eben nicht an
der Revolution mitgewirkt! (Zuruf: Aktiv freilich nicht!)
(Zuruf: Die Revolution ist gewachsen!) Ach, die Revolution ist nicht gewachsen, die ist gemacht worden. (Lebhafter Beifall.) Aber an dem Tage, wo die Revolution
hier gemacht wurde, war die bisherige Mehrheit gegen
die Revolution (Sehr richtig!) Deshalb ganz unper-
sönlich: Nur wer ehrlich und aufrichtig die Revolution
verteidigt, hat ein Recht, in den Soldatenräten zu arbeiten. (Bravo!) Ich habe eben den Beweis gegeben,
wie man mir hier an Ort und Stelle, wo ich eben erst
gesprochen habe, das Wort im Munde verdreht, wo
man mich als einen elenden Sklaven der Entente, als
willfähriges Werkzeug bezeichnet, wo ich noch niemals
jemand ein Wort gesagt oder einen Gedanken gedacht
habe, der in dieser Hinsicht mir vorgeworfen werden
kann. Feig bin ich nicht und feig bin ich auch nicht vor
114

der Entente. (Zuruf.) Ich gehöre nicht zu den zahllosen Führern, zu den vielen andern, die beim ersten Zusammenbruch ihr Heil in der Flucht versucht und die andern dem Schicksal überlassen haben. (Sehr richtig!) Nun, meine Herren, Sie können ja denken, wenn ich so verflochten bin mit der Revolution, daß ich mir das Werk der Revolution nicht stören lasse und von den Kontrerevolutionären, auch wenn sie sich heute maskieren als Anhänger der Revolution (Stürmisches Bravo und Händeklatschen!) und als Anhänger der Revolution die republikanischen Errungenschaften feiern.

Ich habe mich eigentlich nur zum Worte gemeldet und bin am Ende meiner Kraft angelangt: Bolschewicki! Das ist der Popanz, das ist die große Gefahr, die uns bedroht. Die Kreuzzeitung hat einmal früher geschrieben, es wäre das Charakteristikum der deutschen Liberalen, daß sie immer vor irgend etwas Angst haben. Revolutionäre haben vor nichts Angst (Sehr richtig!), und wenn mir heute einer das Schreckgespenst des Bolschewismus vor die Augen stellt, so sage ich, du magst ein sehr guter Kerl sein, aber revolutionäres Blut ist in dir nicht. (Sehr gut!) Ich fürchte mich nicht vor dem Bolschewismus (Zurufe!), wie ich gestern sagte, ich fürchte mich nur vor einem, ich fürchte mich nur vor unserer Angst; das ist die Gefahr. Es gibt in Deutschland keinen Bolschewismus; nun höre ich allerdings, daß Herr Sontheimer eine große Gefahr ist. Mein Freund Sontheimer hat sich ganz tapfer in den letzten Jahren verhalten (Sehr richtig!) und ich danke ihm das; aber jeder, der an den Diskussions=abenden der letzten Jahre teilgenommen hat, weiß, daß wir oder ich kaum etwas mit ihm gemein haben. Als die erste Versammlung der Münchner Bol=schewicki plakatiert wurde, da kamen die Leute zu mir: Diese Plakate müssen doch verboten werden. Wir haben vom Vorredner gehört, daß wir eine Schreckens=herrschaft, einen Terrorismus üben, und die Leute ver=haften. Mag sein, daß einmal einer verhaftet worden ist. Aber seit dem zweiten Tage der Revolution ist die Freiheit in München niemandem angetastet worden. Ich bedaure nur, daß dieselben Leute, die sich 4½ Jahre die brutale Diktatur und den ungeheuersten Terroris=mus gefallen ließen, heute so schlecht Gebrauch von der unbeschränkten Freiheit machen, die ihnen zusteht. (Leb=hafter Beifall!)

Meine Herren! Bolschewismus! Ich will Ihnen sagen, worin der Gegensatz der äußersten Linken mit mir besteht. Wenn einmal die Not groß ist, und wenn Hunger ist und Arbeitslosigkeit, dann nimmt sich eben jeder seinen Unterhalt, wo er glaubt, ihn zu finden. Der Verhungernde plündert die Bäckerläden. Das ist aber kein Bolschewismus, weder theoretisch noch prak=tisch, das ist die Verzweiflung vor dem Untergang. Der theoretische Unterschied zwischen mir und den Bol=schewisten besteht darin, daß ich gar kein Hehl daraus mache, daß es mir utopisch erscheint, wenn wir im

116

gegenwärtigen Augenblicke des Zusammenbruches der Produktion die Industrie und die Produktionsmittel zu vergesellschaften anfangen. Das ist kein Abtrünnigwerden vom Sozialismus, sondern nüchterne, ruhige Praxis. (Sehr gut!) Die Industriellen kommen heute zu uns und wollen vergesellschaftet werden. Wir müssen das ablehnen, weil der wissenschaftliche Sozialismus von der Überzeugung ausgeht — ich bedaure einmal eine theoretische Untersuchung vor Ihnen in aller Kürze anstellen zu müssen, weil darüber eine solche Unklarheit in bürgerlichen Köpfen herrscht, daß die Vergesellschaftung der Produktionsmittel in dem Augenblicke vollzogen werden muß, wenn die Produktion sich so riesenhaft entfaltet hat, daß unter dem Kapitalismus diese Riesenkraft der Produktion sich nicht mehr entfalten kann, so daß auf dieser Höhe kapitalistischer Produktion die Produktion selbst den Kapitalismus sprengt. Von dieser Marxistischen Anschauung aus behaupte ich, wir können nicht das Experiment der Sozialisierung in einem Augenblicke machen, wo die Produktion zusammengebrochen ist. Wir können nicht sozialisieren, wo nichts zu sozialisieren ist. (Sehr richtig!) Feinde des Sozialismus könnten uns raten, jetzt ein Experiment zu machen, das notwendig scheitern muß, es könnten verkappte Feinde, Lockspitzel unserer Gegner sein. (Sehr richtig!) Das russische Beispiel lockt uns nicht, auch nicht die Methoden. Ich bin der Meinung, daß wir genug Blutvergießen gehabt

haben, und es scheint mir noch scheußlicher als der
Kampf vor dem bewaffneten Feinde, die Abwürgung
von Gegnern, die nicht bewaffnet sind, durch Bewaff=
nete. Dann schon lieber Krieg, da sind wenigstens beide
Teile wehrhaft, als der Kampf von Bewaffneten gegen
Wehrlose. Und das ist der Bürgerkrieg. In unserer
Münchner Revolution ist, glaube ich, kaum ein Tropfen
Blut vergossen worden. Nur diejenigen, die die Re=
volution gemacht haben, haben, bevor sie den Sturm=
marsch durch die Straßen Münchens unternommen
haben, ihr Testament gemacht. (Sehr richtig!) Das
ist der Unterschied zwischen den Bolschewisten und mir.
Ich habe diese Auffassung vertreten in Berlin und auf
dem Vertretertage der deutschen Republiken, es hat sich
kein Widerspruch dagegen erhoben, im Gegenteil, von
allen Seiten wurde die Richtigkeit, die Argumentation
anerkannt. Ich habe dieselbe Anschauung hier ver=
treten, solange wir hier überhaupt diskutieren. Ich
habe mich nicht geändert, als ich in das Minister=
präsidium einziehen mußte. Ich habe dieselbe Auf=
fassung im Vollzugsausschuß des Arbeiter= und Sol=
daten=Rates vertreten. Sie sehen aus dem Bericht,
daß auch dort einmütig dieser Auffassung beigepflichtet
wurde. Und nun in München gibt es Bolschewisten.
Ich gestehe Ihnen offen — sicher trennen mich von den
Auffassungen unseres Vorsitzenden hier manche Diffe=
renzen —, aber lieber nach links einig gehen, als nach
rechts. (Sehr richtig!) Ich habe ja diese schöne Ge=
118

schichte von der Sontheimer-Versammlung erwähnt. Da kamen die Bürger sehr geängstigt gelaufen und verlangten, wir sollten die Plakate und die Versammlung verbieten. Da waren alle wieder Terroristen. Wir haben gesagt, fällt uns gar nicht ein. Soweit ich über die Versammlung unterrichtet bin, hat man zwar uns bekämpft — das ist ihr gutes Recht —, und man hat versucht, uns vorwärts zu treiben. Aber ich bin jedem dankbar, der uns vorwärts treibt, ich bekämpfe aber jeden, der uns rückwärts stoßen will. (Bravo!) Jene Versammlung sollte mit dem Sturze meiner armen Person schließen. In den Ministerrat kam ein aufgeregter Herr, ein Akademiker, herein, der uns mitteilte, 400 bolschewistische Pioniere seien bereit, uns zu stürzen. Diese fürchterliche Kundgebung aber, die zwar sagte, wir wären anderer Meinung, die aber auch das Vertrauen aussprach zu unserer Ehrlichkeit und zu unserer Revolutionsgesinnung, das war der erste Stoß. Deswegen nehme ich diese Gefahr von links nicht ernst. Die Gefahr kommt von rechts. (Sehr richtig!) und, wie ich heute vormittag sagte, ich bin wachsam und lasse mich nicht dupieren. Wenn Sie das als Diktatur bezeichnen, so mögen Sie es als Diktatur bezeichnen. Aber es ist meist so, daß jene, die im Dunkeln schleichen und hintenherum Politik treiben, sich beklagen, daß man gar so bös mit ihnen umgeht. Wir kämpfen in voller Freiheit, im vollsten Lichte der Wahrheit. Ich bin, obwohl Sie es in der Presse ge-

lesen haben, gar kein Ideologe. Ich habe Ihnen gezeigt, wie man sehr praktisch ganz nach den Mitteln
moderner Technik mit geringstem Kraftaufwand die
höchste Leistung erzielt, wie man Revolution macht.
Ängstigen Sie sich doch wirklich nicht vor dem Bolschewismus.

Den Bolschewismus als Elementarerscheinung der
tiefsten Not und Verzweiflung kann keine Macht der
Erde überwinden. Auch keine Theoretisiererei. Wenn es
nichts mehr zu essen gibt, dann stürmt man einfach die
Bäckerläden. Was wir jetzt tun müssen, ist, zum Frieden
zu kommen. Ich habe sehr genau aufgepaßt, was der
Herr Vorredner in seinen übrigens sonst sachlich gehal-
tenen Ausführungen für einen Rat gibt, um zu dem
Frieden zu kommen. Wir sollen kein Vertrauen zur
Entente haben. Wir sollen uns fürchten vor der Be-
setzung. Die Entente denke nur daran, uns zu über-
fallen und zu zerfleischen, ganz wie man es im August
1914 hörte. So kann man denken, aber dann frage
ich die Herren, die so denken, welches Mittel empfehlen
sie denn eigentlich, daß wir zum Frieden kommen? (Sehr
richtig!) Sollen wir hingehen und den Frieden in der
Weise schließen, daß wir anfangen: § 1: Déroulède,
der übrigens, glaube ich, schon tot ist, muß vor den
Staatsgerichtshof kommen. Die anderen Bezeichneten
sollen auch vor den Staatsgerichtshof kommen. Ja, da
werden uns die Herren doch zur Begutachtung unseres
Geisteszustandes in eine geschlossene Anstalt schicken.

So gehen die Dinge doch nicht. Die Renommisterei sollen wir uns abgewöhnen. (Beifall!) So kommen wir nicht weiter. Wenn Sie mir hier an dieser Stelle einen anderen Weg zeigen, gleichgültig, welcher es ist, dann gehe ich ihn. Zum Schluß noch eine Bemerkung über die vorige Sitzung, über welche alle möglichen Legenden entstanden sind und doch ist die Sache furchtbar einfach. Wir Terroristen und Diktatoren haben die Eigentümlichkeit, daß wir nicht einmal eine Presse haben, kein lumpiges Wochenblatt und keine Zensur. Also, ich habe das vorhin ausgeführt, benutzen die Herren der Presse die Freiheit, die wir ihnen verschafft haben. (Beifall.) Benutzen sie die Freiheit, um im alten Stile ihre Politik fortzusetzen. Wir haben keine Presse, kein Blatt. Das einzige Organ, das uns zur Verfügung steht, ist das Telegraphenbureau, das Süddeutsche Korrespondenzbureau. Es kommt keine Zeile in die Presse, die nicht mit dem Namen ihrer Herkunft gezeichnet wäre. Eine solche Regierung war noch nicht in der Welt da, die so auf die Machtmittel der Presse verzichtet. Aber genau so, wie man mich bedrängt, ich soll mich vor dem Bolschewismus und vor der Gegenrevolution mit den Maschinengewehren fürchten, genau so werde ich jeden Tag gedrängt, ich soll auf den Schwindel, der durch die Presse geschwemmt wird, antworten. Ja, wenn wir anfangen wollten, darauf zu antworten, dann hätten wir keine Zeit mehr für eine praktische Arbeit. Darum entschloß ich mich in letzter Stunde,

121

die Herren vom Arbeiter= und Soldatenrat zu bitten, sich hier zu versammeln, nicht um zu diskutieren, und nicht um die Diskussion abzubrechen, sondern weil mir nur ganz kurze Zeit zur Verfügung stand, ich un= mittelbar nachher zum Ministerrat gehen mußte, um nichts weiter, als daß wir statt durch die Presse, die uns nicht zur Verfügung steht, durch das mündliche Wort unsere Ansicht zum Ausdruck zu bringen. Von der gestrigen Sitzung soll, wie ich in Erfahrung ge= bracht habe, die Münchener Presse ausgeschlossen ge= wesen sein. Ich weiß nichts davon. Die Sitzung sollte ja nicht öffentlich sein, sondern sollte nur zwischen den Mitgliedern des Arbeiter= und Soldatenrates stattfinden. Es waren gerade, als ich fortging, drei Vertreter der Presse bei mir und wollten mit mir eine Unterhaltung pflegen. Es war ein Münchener, ein Holländer und ein Franzose, und da ich nicht doppelt reden wollte, sagte ich zu den Herren: Kommen Sie mit, was ich Ihnen sagen kann, worüber Sie sich zu unterhalten wünschen, das können die Herren hören. So entstehen Legenden. Das ist wieder Diktatur und Terrorismus. Ich habe gehört, daß die Münchener Presse ausgeschlossen sein soll, aber wenn die Münchener Presse zu mir kommt, dann bin ich jederzeit bereit, jedem Auskunft zu geben, so sehr ich auch Mißtrauen gegen die Presse habe und zwar berechtigtes Mißtrauen, denn die Sachlichkeit geht mir über die persönliche Stimmung. Aber die Herren sind nicht zu mir gekommen, wie man mich auch nicht

122

gefragt hat, ob von der Nachricht, daß die Tschechen Bayern annektieren wollen, irgend ein Wort wahr ist. Vor der neuen Freiheit hat man immer den Weg zum Ministerium gefunden. (Rufe: Sehr richtig!) Jetzt meidet man es. Warum wohl, weil eine einzige Unterredung die Herren zwingen würde, auch ohne Gewalt eine andere Politik zu treiben, die Presse soll sich nicht einreden, weil wir keine Presse haben. — Vielleicht werden wir morgen schon eine haben, gezwungen durch das jetzige Treiben, wenn wir das Bedürfnis haben, die Politik des Ministerrates zu vertreten. Wir sind einig in allen unseren Entschlüssen, Differenzen haben wir, es sitzen auch in unserem Ministerium Leute, die die Revolution gemacht haben, und solche, die sie bekämpft haben. So innig können wir nicht zusammenhalten, aber wir sind in allen praktischen Entscheidungen einig gewesen und einstimmig ist gestern auch die Pressenotiz beschlossen worden, welche die Presse dringend davor warnt, mit diesen falschen Nachrichten die Friedensverhandlungen zu stören. Ich weiß nicht, welche Verhältnisse uns noch bevorstehen, welches Martyrium dem deutschen Volke noch auferlegt ist, aber gerade weil ich das nicht weiß, bitte ich Sie ganz dringend und vom Herzen, tun Sie nichts, was unsere Lage noch verschlechtert, erwecken Sie vor allen Dingen nicht den Eindruck, und das möchte ich auch an die Vertreter der Presse, ohne an das, was ich heute Vormittag gesagt habe, noch einmal zu erinnern, tun Sie nichts, was den Eindruck erwecken könnte, als ob in Bayern das Chaos herrsche, als ob niemand in Bayern Vertrauen genieße, als ob hinter keiner Regierung die Macht und der Wille der Masse steht. Denn dann haben wir in Bayern niemand, der verhandlungsfähig ist, und dann müssen die Dinge ihren Gang gehen, ins dunkle Treiben. Das ist der Untergang. (Sehr richtig!) So viel politischen Sinn sollten Sie alle in der neuen Freiheit gelernt haben; kritisieren Sie, so viel Sie wollen, beschimpfen Sie mich, ich lache darüber. Aber, was die internationale Politik anbelangt, so möchte ich zum Schluß ein Wort Bismarcks zitieren, welches heißt: Das Volk muß die Fensterscheiben bezahlen, die seine Presse eingeschlagen hat, damit nicht wieder Unregelmäßigkeiten entstehen. Ich ersuche, eine kurze Erklärung des Genossen Sauber anzuhören und dann werden wir die heutige Sitzung vertagen.

Anmerkung. Die vorstehenden Ausführungen des Ministerpräsidenten über die Nationalversammlung dürfen nicht mißverstanden werden. So wahr es ist, daß der Schrei nach der Nationalversammlung ursprünglich konterrevolutionär ist, so wenig hat der Ministerpräsident jemals daran gedacht, sein in der Revolutionsnacht gegebenes Versprechen einer Nationalversammlung mit dem Wahlrecht für Männer und Frauen nicht einzulösen.

124

www.ingramcontent.com/pod-product-compliance
Lightning Source LLC
Chambersburg PA
CBHW021405090426
42742CB00009B/1021